学科教研活动中的教师成长案例

主 编	阚 维	林春腾	
副主编	易 进	刘京莉	
编 委	高 红	郭志洁	郝雅玲
	雷燕林	刘瑞莲	刘 昕
	王良妍	邢晓琰	杨永军
	张 洁		

北京出版集团
北京教育出版社

图书在版编目（CIP）数据

学科教研活动中的教师成长案例／阚维，林春腾主
编. -- 北京：北京教育出版社，2022.12
ISBN 978 - 7 - 5704 - 5005 - 3

Ⅰ. ①学… Ⅱ. ①阚…②林… Ⅲ. ①小学教师-师
资培养-案例 Ⅳ. ①G625.1

中国版本图书馆 CIP 数据核字（2022）第 222545 号

学科教研活动中的教师成长案例

主编 阚维 林春腾

*

北 京 出 版 集 团

北京教育出版社 出版

（北京北三环中路 6 号）

邮政编码：100120

网址：www. bph. com. cn

京版北教文化传媒股份有限公司总发行

全 国 各 地 书 店 经 销

三河市天润建兴印务有限公司印刷

*

787 mm×1092 mm 16 开本 10 印张 173 千字
2022 年 12 月第 1 版 2022 年 12 月第 1 次印刷

ISBN 978 - 7 - 5704 - 5005 - 3

定价：50.00 元

三年相伴路，互动共成长

2007 年 10 月，根据北京市要求，西城区全面启动了"小学规范化建设工程"。西城教育委员会围绕实现"均衡发展的先进区、素质教育的示范区、创新教育的实践区和优秀人才培养的高产区"的工作要求，以"校校精彩、人人成功"为目标，关注每所学校的内涵式发展，学校改进势在必行。西城区教委清醒地意识到，学校改进仅靠学校的内部力量是不够的，需要外部的支援才能突破自身发展的局限，因此应该争取外部各种支持力量的加入。首都作为全国的首善之区，高等院校云集，借助高校的智力资源，推动区域教育的高水平发展，应该是西城区教育发展的战略之一。

2010 年，西城区教委启动"西城区高校支持小学发展项目"，分别与北京师范大学、首都师范大学、北京教育学院开展合作，旨在探索一种以学校实践为基础、以学校领导团队共同成长为基本特征的学校发展模式，以大学支持下的干部成长带动学校发展，以项目学校的发展来带动区域发展。

2017 年 10 月，西城区成立"小学精品学校联盟"。该精品学校联盟由 9 所小学组成，西城区教委提出以"小学精品学校联盟"为共同体与高校进行合作的设想，一方面促进各学校改进，另一方面在更大范围内加强校际联系，实现资源共享、文化互助、品牌共建，引导和促进区域内教育的开放与融合，加快新优质学校发展的脚步，这也是高校支持小学发展项目的新的探索。

"小学精品学校联盟"是学校为了寻求更优质的发展而进行的个体聚合，是学校互动的一种内涵式发展模式，既是合作发展共同体，也是教育研究与实验的共同体。该模式秉承内涵发展、协作共赢、品牌效应的发展理念，坚持优势互补、共同发展的基本原则，着力于以打造精细管理、精彩课堂、精致校园为突破口，不断激发学校办学活力，丰润学校品质内涵，形成西城教育品牌，实现区域教育更加丰富和多元，更具张力和活力的优质均衡发展。

"小学精品学校联盟"包括三里河第三小学、中古友谊小学、康乐里小学、回民小学、奋斗小学、五路通小学、展览路第一小学、北京师范大学京师附小、厂桥小学九所小学，这九所小学分布在不同学区，学校办学基础良好，办学特色鲜明，贯通培养质量高。

"小学精品学校联盟"成立后，采取以项目推进的工作方式，以教委小教科为领导，由西城区教育科学研究院负责具体工作落实，按年度系统设计、整体推进。

2017 年至今，项目的发展经历了以下三个阶段：

（一）调研学校现状，明晰发展基础

2017 年 10 月至 12 月，西城区教委邀请北京教育学院专家，联合西城区教育科学研究院、西城区教育研修学院等部门，以及"小学精品学校联盟"成员校校长对部分精品学校进行了调研，并举办了校长沙龙活动。调研组通过参观校园、听取汇报、随堂听课、座谈访谈等方式，聚焦学校特色发展定位、需求及发展路径等内容，引导学校明晰发展基础和优势，厘清办学理念，提炼育人思想，以学校文化为统领，明确特色发展目标，打造学校办学特色；通过走进学校、开展沙龙、搭建交流平台，凝聚联盟学校团组力量，逐渐构建了以实践研究为基础，以组团发展为特征的共同体。

（二）聚焦校长素养，提升专业引领力

2018 年 3 月，借助北京教育学院专家团队，我们启动了"校长引领骨干教师成长工作坊"，采用专家指导、同伴交流的研讨模式，组织联盟学校校长和教育教学干部开展系列研修活动。历时近一年的时间，先后聚焦"当前教育时代背景下引领学校骨干教师发展的困惑与问题""加强队伍建设，促进内涵发展""运用 SWOT 分析教师专业发展现状"等主题开展了系统、深入的互动式研讨、参与式培训，为学校校长打造教师队伍建立了系统的思维模式，促进了各校教师队伍建设以及管理模式的转变，提升了学校整体的育人水平。

其间，各校校长带领自己的团队制订了学校教师专业发展规划。如：

奋斗小学提出借"问题引领学习"之力，解教师专业发展"高原现象"之难。用"问题引领学习"，促进处在专业发展后期阶段的教师的成长，调动他们工作的主动性，提升他们的教学能力、研究能力和课程建设能力，改变其专业发展的"高原现象"，最终促进教师专业新发展。

北京师范大学京师附小提出了针对青年骨干教师的"陪"与"养"策略。"陪"即陪伴，指学校教师及团队的相互陪伴、全程陪伴，让骨干教师在团队中成长。学校采取优秀团队"浸"、骨干教师"带"的方法，缩短青年教师的成长周期，以荣誉养出干劲儿、竞争养出比劲儿、机会养出韧劲儿、学习养出后劲儿等策略助力学校青年骨干教师的持续发展，快乐成长。

三里河第三小学提出了班主任发展支持系统的建设思路，即为班主任构建聚焦个人发展的保障机制和为个人发展保驾护航的团队支持保障机制。团队支持保障机制包括日常工作支持和引领专业发展的校本研修系统制度。班主任校本研修支持包括班主任月例会制度、专项反思沙龙、教育共研月制度等。

展览路第一小学提出以教师团队成长的"跟进式"校本教研为载体，在教研过程中形成团队合力，实现教师的个体成长。"跟进式"校本教研的基本步骤是：建立教研共同体—聚焦困惑，设立专题—专家引领，深度互动—实践内化，反思加工—经验分享，持续跟进。

（三）聚焦课堂教学，促进教师成长

教师职后专业发展已成为全世界的课题。用科学的态度去研究教师的专业发展和教师的专业素养提升是学校和区域教育管理部门的重要工作内容之一。2019—2021年，为了落实学校的教师培养规划，围绕"支持学校学科教师培养"这一主题，西城区教委与北京师范大学课程与教学研究院合作，借助北京师范大学的丰厚资源，立足学校的具体需求，整体制订了各学科团队培养计划。计划的落实分为两个阶段。

1. 以研究带动教研组的发展是 2019—2020 年的重点研究方向

北京师范大学课程与教学研究院的专家以进校指导学科教研活动为主要工作方式，通过研讨教案、评析课例，带领语文、数学、英语三个学科的教研团队进行跨学校、跨年级的交流和学习，指导教师从不同的视角看待教育教学现象，通过小课题来研究、探索并总结教学规律。

专家进校指导，一种方式是结合校本教研主题的教学指导，主要包括对教材的指导、对教学设计的指导和对课堂组织的指导三个方面。一年内，由教授带队进校40多次，听课评课近90节。每位教师建立成长档案夹，记录每次活动中的收获体会、自我分析、自我改进规划和案例总结。结合教研组专题研究的课题指导，各校各学科教研组都确立了自己的研究专题，如，三里河第三小学数学教研组的"操作活动任务单的开发和使用"、展览路第一小学语文教研组的"课堂教学反思策略"等。专家主要从两个方面进行指导，一是结合课题内容的研究方法指导，二是结合研究成果表达的写作指导。

一年来，学校教研组建设体现了研究性、交流性、参与性等特点。形式多样且研究主题明确的教研活动，使以往大多数教师变"旁听式"的被动参与为"行动—表达"的主动参与。教研组在引导教师群体发展的同时，也关注到了教师个体的发展，为不同成长阶段的教师提供发展平台。这种专题研究的教研组织模式，使教师在教育观念、教学行为、研究意识等诸多方面发生了令人欣喜的变化。

2. 提升教师教学目标设计能力是 2020—2021 年的主题

教学目标的设计是教师教学工作中的重要环节，对教学目标进行科学设计和准确表达是教师提高教学质量的重要保证因素之一。学校教师在专家团队的指导下，围绕教学目标的设计与改进进行了共同探索。

按照"调研需求—理论学习—实践研讨—反思交流—改进提升"五个环节，针对教师在目标设计上出现的形同虚设、设计过程不科学、表述空泛三个主要问题，通过举办专家系列讲座，帮助教师明确和掌握教学目标设计的依据和准确表达的方法。同时，学校教研组把"教学目标的科学设计"作为贯穿全学年的教研活动专题，组织教师进行具体的课堂案例研究，使教师逐步明确了教学目标的设计需要把握课程标准、教材及学情三个要素。在一年的研修过程中，我们每月推出一个专家微讲座、一节学校教师的区域研讨课，所有参与项目研究的教师不仅认真参与听课评课，每个人还结合学习的理论与自身的实践写出了自己的收获和体会，拿出了自己改进后的课堂教学案例，教师的教学目标设计水平有了明显的提高。

西城区小学与高校的合作基于地方行政、高校、学校合作三方的共同利益，走向规范化、科学化与常态化，实现了 1+1+1>3 的协同效益。项目之所以卓有成效，主要原因有以下几点：

第一，教育行政部门的角色定位清晰。党的十八届三中全会提出"推进国家治理体系和治理能力现代化"，首次提出"治理"的概念。从管理到治理，虽然仅有一字之差，但其内涵和外延都发生了根本性的改变。相对于"管理"的居高临下，"治理"更强调教育主体的多元性，强调教育治理过程的互动性和民主性。在项目推进过程中，基于治理理念的西城区教委，除了保障资金安排到位外，还将自己在项目中的角色定位为以学校改进为本的顶层设计者、激发学校发展内在动力的引导促进者和关注研究的平等参与者，不是简单地为政绩考核求快、求结果。这一专业化领导的角色定位减少了行政色彩，给了高校和小学充分的自主发展空间，凸显了合作促进学校改进的共同体发展的实效性。

第二，合作中的三方相互理解与信任。参与各方的相互理解是合作的基础。合作中，大学专家和小学干部、教师彼此信任，合作机制与工作流程得到不断完善，保证了项目的顺利推进。实施过程中，大学与小学依据合作主题进行了充分研讨，细化推进步骤和实施方式，以联席例会、简报宣传、项目研修（工作坊、沙龙）、现场展示活动等不同形式，组织对话交流，分享并总结了学校经验。

第三，学校、干部、教师发展愿望强烈。西城区实施高校支持小学发展项目的目的是满足学校及干部、教师自身的发展需求，从教育行政部门强制要求的"外源式"改进，转变为学校、干部、教师主动发展的"内源式"改进。教师在高校专家的指导下，不仅在日常工作中不断尝试"微改进"，而且有更多的机会在更广阔的平台上交流经验，碰撞思想，学习提升。

2018—2021年间，在北师大专家团队的指导下，"小学精品学校联盟"开设教学研讨课近百节，并在项目学校内共享交流。教师撰写优秀案例、论文276篇，撰写学习体会、教学反思295篇。干部、教师撰写的文章在刊物上公开发表近40篇。

本书呈现的是西城区"小学精品学校联盟"九所学校在促进教师专业发展方面的研究历程和骨干教师在此过程中的成长收获。

在此，向多年来帮助和支持西城区小学发展的北京师范大学课程与教学研究院的专家团队深表感谢！同时，感谢西城区教委领导、小学精品联盟校的干部和教师们！让西城教育永远充满活力是我们共同的奋斗目标！

目录
Contents

第一章
教师的反思为何重要[1]

[1] 本章内容为北京师范大学协同创新中心岳曲博士撰写。

一、反思是教师专业发展的必要路径

百年大计，教育为本；教育大计，教师为本。教师作为人类灵魂的工程师，是人类文明的传承者，承载着传播知识、传播思想、传播真理，塑造灵魂、塑造生命、塑造新人的时代重任。2018年，《中共中央国务院关于全面深化新时代教师队伍建设改革的意见》指出，要造就学科知识扎实、专业能力突出、教育情怀深厚的高素质复合型教师；要促进教师终身学习和专业发展；到2035年，教师综合素质、专业化水平和创新能力大幅提升，培养造就数以百万计的骨干教师、数以十万计的卓越教师、数以万计的教育家型教师。教师专业发展成为当前教育改革关注的焦点。

2014年9月9日，习近平总书记在北京师范大学看望师生时发表《做党和人民满意的好老师——同北京师范大学师生代表座谈时的讲话》，提出教师要做"有理想信念""有道德情操""有扎实学识""有仁爱之心"的"四有"好老师。2018年5月2日，习近平总书记在北京大学同师生座谈时对"四有"好老师的标准再次进行强调并指出，要坚持教育者先受教育，引导教师把教书育人和自我修养结合起来。新时代对教师素质的新要求，引领了教师专业发展从"机械论"到"生命论"的范式转型，教师专业发展不再仅仅是教师专业素质目标化、教师专业知识与技能系统化与教师专业评价标准化的过程，而是逐渐演变为教师作为一个生命存在的自治过程，是一个创造延绵、历史延绵与关系延绵的过程。这种对传统意义教师专业发展路径的"重置"，将教师专业发展看作一种动态"生成"的过程，倡导生成性的发展理念，将外在嵌入式的发展转变为内生性的主动发展，确立主体能动意识、反思意识、生命自觉意识和实践诉求意识，实现由外而内的思维转换，催生教师的创造性品格和教育实践性知识的有机统一。叶澜教授更是提出，不应单纯地强调"教师专业发展"，而应倡导"教师发展"，关注教师作为具体而丰富的人（而非工具）的整体性发展。归根结底，教育的本质是生命教育，而教师是一个育人者。教育的本质和育人的规定性必然要求教师不仅具有专业知识和专业能力，更应养成从人的生命立意引发出专业精神的能力。教师的专业发展不能再单纯地局限于教师教学技能的改进，或教师教学方案、教学手段的改进，而应是一种教师主动更新自身理念，发展自身动机、价值、情怀、向心力、信念等，增强自身反思意识的自觉的

生命提升历程。

"反思"是否意味着教师只是写出一些培训感受、完成几次培训作业？是否只是通过公开课、评优课的方式让教师把培训的理念运用到课堂教学的实践当中去？本章将详细分析教师的专业反思的理论是如何一步一步发展而来，从而使读者在进入教师的个体叙事前，充分了解教师专业反思的特点，因为从理论层面理解教师的"反思"殊非易事。

（一）教师专业发展的新模式呼唤教师反思的深入

众所周知，反思是教师专业发展走向完善和成熟的最佳途径和方法，也是教师的一种职业品质。美国心理学家波斯纳曾指出：没有反思的经验是狭隘的经验，至多只能称为肤浅的知识。我国著名心理学家林崇德先生也提出：优秀教师=教学过程+反思。研究表明，相比于其他教师，反思型教师与学生的人际关系更好，工作满意度较高，并具有更强的个人安全感和自我效能感。可见，良好的教师反思不仅有利于教师专业知识的增长、课堂教学问题的解决，也是教师个体生命成长、获得职业成就感、安心从教的重要途径。

受教师专业发展范式转型的影响，原有的以教育教学技能和方法为反思对象的工具性反思观也受到了挑战。有研究表明，优秀教师与普通教师相比，最本质的差别不是教师的教育技能和方法，而是教师教育的艺术和情感，以及教师的精神和信念。基于此，以荷兰学者科瑟根教授为代表的研究者提出了以"洋葱模型"为内容的教师反思的核心反思观，指出教师反思不能流于行为和能力等表层，而是要深入到教师的信念、身份认同、职业使命感乃至核心品质层面，同时要融合教师在反思过程中的情感、愿望和想法，强调教师反思的精神性取向和积极性取向。由于核心反思对于教师主体性和内心世界的重视，一经提出，便受到了广泛的关注和支持。

然而，实际上，核心反思的内容也仅仅停留在了信念和品质等客体的自我层面，不能真正体现出教师反思的精神取向。真正精神层面的教师反思应深入到教师的主体自我，深入到教师的精神宇宙，要触摸到教师的内心，达到超越自身与现实的局限，迈向探寻意义世界和精神自由的形上超越之路。教师的自我反思应聚焦到：随着时间和空间的延伸与拓展，随着与孩子宇宙的交融，自我宇宙的深度和广度是否也随之有了清晰可见的变化与发展？教师的反思不仅要创造学生的精神生命，更要创造自己的精神生命。这种精神生命的创造意味着对无限广阔的精神生活和人类永恒终极价值的追求，以及建立与此有关的信仰。当教师反思深入到这一精神性领域，教师就会具备一种"生命自觉"，既能充分体认到自我的生命，又能敏锐地领悟到学生的生命，主动承担对学生生命的责任，从而为教育注入灵魂，引领教师自己与学生一起过一种"必真性生活"。

教师反思研究共包含三种模式：20 世纪 80 年代，在教师专业化运动的大背景下，教师反思研究兴起。为解决教育理论难以真正作用于教师的教学实践这一关键问题，伴随着教育学领域希望提高教师专业性、明确教师专业身份的诉求，传统的工具性教师反思模式逐渐发展壮大。而后，随着人本主义思潮的兴盛，有研究者指出，传统的工具性教师反思模式忽视了教师的主体性，造成了反思流于空洞和反思表面化等问题，因此提出了关注教师个体因素（如职业使命、身份认同和信念等）的主体性反思模式。几乎在同一时期，伴随着超个人心理学的短暂辉煌和佛教在美国的流行，有研究者强调教师反思中还应该包含"精神与存在"（spiritual and existential）维度，由此形成了本体性教师反思模式。

（二）教师反思的传统模式

教师反思的传统模式又被称为工具性反思。所谓工具性反思，是指将教师反思视为一种可以习得的工具，认为只要将反思的方法和技巧教授给教师，教师就能使用这一工具，内化教育理论并作用于自身的教育教学实践。工具性教师反思模式所要解决的首要问题就是，教育理论如何真正作用于教师的教学实践。换言之，工具性教师反思模式的要旨就是弥合教育理论与教学实践之间的裂缝，使理论能够指导实践，实践能够有据可循。面对这一共同议题，传统的教师反思模式之下共包含实用主义取向、建构主义取向和批判主义取向三种不同取向的工具性反思。

1. 杜威的"反省性思维"

杜威关于反省性思维（reflective thinking）的论述可谓是教育学领域教师反思研究的开端。他将反省性思维定义为"对于任何信念或假设性的知识，按其所依据的基础和进一步结论而进行的积极的、坚持不懈的和仔细审慎的思考"，强调反思的认知成分，将反思视为一种特殊的问题解决方式，一个能动的、审慎的认知加工过程，并提出了对反思过程、反思条件以及反思方式等方面的构想，为后续的教师反思研

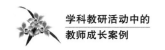
究奠定了坚实的基础。其提出的反省思维（问题解决）"五步法"（暗示、理智化、导向性观念—假设、推理、用行动检验假设）更是成为传统工具性反思模式中所有过程模型的母本。当然，由于这一时期教育领域的研究并没有细化，且杜威本人作为教育哲学家著述颇丰，反省性思维只是其研究中极小的一部分，因而此时的教师反思研究并没有得到进一步发展，杜威的很多理念也缺少更进一步的论述和完善。

2. 建构主义视角下的教师反思

20 世纪 80 年代以来，伴随着教师专业化运动的潮流，教师反思成为研究热门，建构主义者肖恩在继承了杜威思想的基础上进一步突出了教师反思中的实践情境和实践者本人经验的重要作用。他的批判技术理性模式（technical rationality model）过分强调宏大理论和标准化知识的取向，认为在实践中不仅有基于严谨的、有研究基础的理论来解决问题的 "坚固的高地"，也有 "低洼沼泽地"，其中发生的事情往往是令人困惑的、乱作一团的，没有一个技术性的解决方法。因此，教师作为专业人员，更需要通过反思性实践（reflective practice）来建构自己的实践知识。肖恩将反思分为 "对行动的反思"（reflection-on-action）和 "在行动中反思"（reflection-in-action）。他认为行动中的反思建立了知识（knowing）和行动的密切联系，反思是立即显露（surface）、测试和评价的过程，有时甚至是无意识的。而教师进行教学反思的重要方式就是意识到自己缄默的知识，并加以激活、评判、验证和发展，使之升华为教育理论。杜威关于反思的思想经由肖恩的发展，形成了强调从实践中生成个体知识和理论的教师反思模式 1.0 版（如图①）。

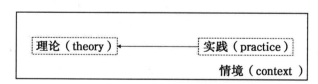

图① 教师反思模式 1.0

建构主义视角下的教师反思强调教师通过对自身教学实践的反思形成个体理论和缄默知识，同时，强调了反思过程中教育情境的重要影响。为了实现从实践中提炼出教育理论的构想，研究者们根据杜威的反省思维五步法提出了更为细致的反思过程模型，比如科瑟根的 ALACT 模型（如图②）、罗杰斯（Rodgers）简化版的 "反思思维四步骤" 模型、依拜（J. W. Eby）的反思思维模型、科尔布（Kolb）的反思循环模型，以及国内学者申继亮等提出的更为复杂的多重螺旋反思模型（如图③）。

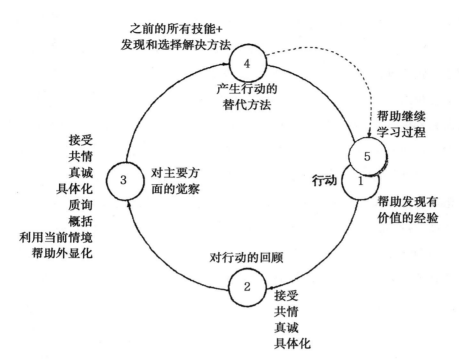

图② ALACT 反思过程模型

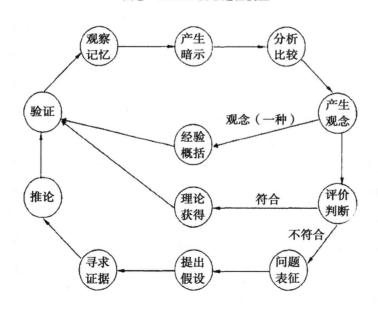

图③ 教学反思过程图

3. 批判主义视角下的教师反思

随着研究的深入，研究者们发现，虽然建构主义的教师反思对于反思过程有了较为准确的描述，但对于反思内容缺少足够的关注，以至于其常常导致教师对社会

正义的漠视，以及在实践中反而强化而非挑战自身的现有信念。恰如特蕾西
（Tracey）、哈钦森（Hutchinson）和格兹拜克（Grzebyk）所言，"杜威的反思传统虽
然用于问题解决，但不应止于问题解决，而是还应被视为界定和修正个人信念、价
值和概念视角（conceptual perspective）的方式"。基于此，以范梅南为代表的批判
主义研究者提出了各种教师反思的水平模型，强调在反思过程中不能仅关注如何解
决问题，或如何从实践经验中升华出教育理论，更重要的是要实现理论与实践的互
动，弥合理论与实践之间的裂缝，并体现对于整个社会的责任感。研究者们进而将
社会道德、伦理和政治因素纳入反思内容之中，强调教师反思需其对多重视角持开
放的态度、对主流的教学方法和理念进行质疑、对教学中的弱势群体给予发声的权
利，从而调整和修正既有的教学观、学生观、教师观等。至此，教师反思模式 1.0
版本得到了修正，形成了新的教师反思模式 1.1 版本（如图④）。

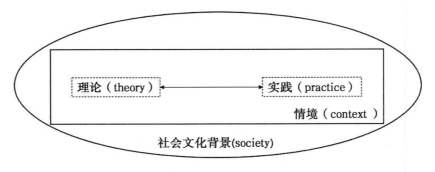

图④　教师反思模式 1.1

持批判主义立场的教师反思研究者所构建的教师反思水平模型大都是根据批判
主义哲学家哈贝马斯提出的知识的三个维度（技术性知识、实践性知识、解放性知
识）进行延展，认为反思至少存在三个水平：第一层次的技术水平，反思的问题在
于有效实现既定目标；第二层次的实践水平，反思的问题包括假说、倾向、价值观
以及由行为组成的结果；第三层次的批判或解放水平，反思的问题包括伦理的、社
会的和政治的问题，关键是组织与社会可能限制一个人的行动自由或限制他们行为
的权力。比如，对这一问题最经典的表述：加拿大学者马克斯·范梅南（Van
Manen）就将反思水平分为技术合理性水平（technical rationality）、实践行为水平
（practical action）和批判反思水平（critical reflection）。

在技术合理性水平层次，教师的关注点通常是自身所采取的教学方法和教学策
略的效果和效率，但往往会忽略既定的教学目标和自身教育理念的合理性问题。在
实际行动水平层次，教师会开始分析教育目标背后的假设，支持教育目标的信念，

并对教学行为所导致的教育后果进行考虑。但这一阶段的教师对这些假设的解释是以自身的主观体验为基础的，结论往往表现出个人的偏见。而在批判反思水平层次，教师能够结合道德和伦理的标准，具有开放性，不带偏见地关注对学生发展有益的知识和社会环境价值。和范梅南一样，研究者们普遍将批判反思定位为反思的最高层次。然而，也有学者认为，这种将反思简单分层的思想传递的是错误的分析框架，即技术性反思终将被超越，而批判性反思将大行其道。

由于教师反思最常用的手段为反思日志，文本分析和叙事研究成为了教育学领域研究教师反思的主要方法，因而有学者在既往反思水平分类的基础上，根据反思写作的评价标准将反思分为非反思性描述（用自己的语言进行报告或解释的能力）、反思性描述（从自己或他人的观点出发进行一定的分析）、对话（回溯的能力，从多视角进行分析）以及批判（基于对社会、政治以及文化现状的质疑，在道德、公平、正义层面思考）。这类标准主要是为了方便研究者或教师教育者在阅读教师或职前教师的反思日志时对其（反思）思维进行判断，因而更注重从语言等外部特征描述不同层次的反思文本的特点。

（三）传统反思模式中的实证研究

由于工具性反思模式更强调外在情境对教师经验的影响，因而在实践领域，对于教师反思的影响因素的探索多集中在外在环境层面。由此所形成的教师反思的干预手段也以改善外部条件的方式为主，主要形成了通过改善校园文化环境来激发教师反思和以信息技术手段来促进教师反思两种方式。

1. 环境影响教师反思

由于工具性反思模式强调个人与教育教学情境的互动，因而以传统反思模式为理论指导的研究者多从宏观的角度倡导应构建一种使教师反思得以可能的学校组织文化，即一种具有探究、合作和自由对话的特性的反思性校园文化。研究者们认为，在这样的文化中，教师能更自主地进行自我反思、集体反思和反思性实践，从而促进自身专业发展，更新教育教学观念，更好地培养学生的反思能力和学习能力，从而促进学生学业成绩的提升和发展，甚至有利于课程改革的深入和推进。

2. 技术支持教师反思

最初在实践领域促进教师反思的手段主要有：在职前教育阶段增加实习环节，并通过规定要求职前教师撰写反思日志和反思报告；在对在职教师的常规培训中增

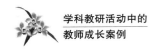
加有关教师反思的培训课程，传递并教授教师反思的理念和方法，倡导教师多进行反思实践。随着研究的深入和实践的增多，以高速发展的信息技术手段来支持和促进教师反思成为新的研究热潮。针对这一问题的探讨主要集中在两方面：首先，通过技术支持教师反思，提升教师反思的频率、效率和共享性；其次，通过编码技术更高效地分析教师的反思日志，掌握教师反思的动态情况。可见，技术支持教师反思的主要目标即提高教师反思的效率和共享性。

关于技术支持教师反思这一问题的研究主要包含两个方面：一方面，研究者致力于研究如何利用网络工具构建一个可以让教师感到安全、愿意交流的线上共享反思平台。如克鲁特卡（Krutka）等研究者使用社交网站 Edmodo 帮助教师进行协作学习和反思；王海燕则在博士论文中详细介绍了她采用 VS. Net 和 SQL Server 技术系统设计和开发的教师协作反思平台。另一种支持教师反思的主流技术工具则是视频工具，即通过视频技术记录教师的教学实践，为教师的反思提供可供观察的清晰材料。王佳莹和郭俊杰曾总结了国外大学开发的有助于教师反思的视频工具，如 VAST、VITAL、VAT、Video traces、Media Notes、Studio Code 等，认为这些视频工具可以帮助教师在反思过程中联系证据，建构分析框架，进行协作反思。

由于教师进行反思主要采用撰写反思日志的方法，因而能在对教师反思进行分析和评价的阶段高效地分析教师反思日志、准确了解教师反思的动态成为技术支持教师反思的另一研究重点。进行这一研究的研究者仍采用以范梅南为代表的反思水平理论作为评价依据，探究如何利用技术使评价教师反思水平这项工作变得更高效、更准确。如冷静、易玉何和路晓旭就采用了认知网络分析方法（ENA）探究在线协作写作中职前教师反思类型与元认知策略之间的关系，以及教师的反思能力发展轨迹。张思则在其博士论文中在以往的反思分析编码系统的基础之上创建了"二维三层"教学反思分析编码系统，并设计了一套自动编码的算法，从而提高了分析、评价教师反思的效率。

研究技术对教师反思的支持作用的研究者大多依据生态心理学中"给养—效能"关系理论，认为作为环境属性的给养与个体采取行动的能力（效能）是相互决定的。也就是说，如果教师长期处于具有某种特征的环境中，会自然而然地受该环境的影响而具有某些行为。因而通过构建反思平台、提供技术支持等方式可以使长期身处其中的教师增强反思意愿，提高反思能力和水平。

自杜威以来的传统反思观大都将反思视为意向回顾性、探究性的活动，通过对经验的理性分析解决某些问题，并形成理论去解释现象，强调探究、试验、理论化等理性思维在反思中的重要地位。这一时期教师反思研究者的贡献主要在于对教师教学反思这一认知（元认知）过程的深入探讨，强调教师反思与教育教学实践的紧密结合，形成了许多影响深远的反思水平结构模型和反思过程模型，揭示了教师进行反思时的思维过程，提供了评价教师反思水平的外在标准。进而，在此基础上尝试分析了影响教师反思的环境因素，即校园文化环境对教师反思的意愿、频率及效果的影响。在实践领域，研究者致力于探究以新的信息技术手段搭建虚拟教师反思平台，制作分析教师反思效果的工具，以支持和促进教师反思。然而，这种传统的反思观也由于其工具性、对教师主体性的忽略，以及其导致的反思流于空洞及浅表化，造成对教师现有意识形态的模糊强化而不是对其信念的挑战，受到了许多批评。因而很多研究者提出，应该在教师的反思实践中引入精神和意义层面（spiritual and meaning-based aspect），以彻底地解决工具性反思中存在的种种问题。

二、人本主义思潮以来的教师反思研究的新进展

19 世纪 70 年代，基于人本主义心理学和超个人主义心理学的人本主义教师教育（Humanistic-Based Teacher Education，HBTE）观念开始流行，强调教师作为一个完整的人而非一种教学工具的观点逐渐被研究者们接受。受这一思潮影响，对教师反思的研究也开始关注到精神和意义层面，其中最具代表性的人物就是荷兰乌德勒支大学（Utrecht University）的弗雷德·科瑟根（Fred A. J. Korthagen）教授，其核心理论就是针对反思内容所提出的洋葱模型和基于积极心理学的核心反思观。

（一）主体性反思模式的代表性理论

早在 20 世纪 80 年代教师反思成为研究热潮的初期，荷兰学者弗雷德·科瑟根（Fred A. J. Korthagen，F. A. J）就带领团队对这一主题进行了深入研究。最初，他沿着传统的教师反思研究的思路，探究教育理论与教师经验的互动关系，提出指导教师反思过程的 ALACT 系统反思结构模型。然而，随着研究的深入，科瑟根发现，教师的教学行为和教师对教育教学的信念不可避免地与其对信仰、身份、工作历史和激情等概念的极端个人化解释联系在一起，而这些内容深深根植于每位教师独有的个人生活史之中。基于此，他提出，要在原有的基于理论与实践互动的二维反思模型的基础上增加教师个体层面，形成了理论、实践与教师个体三维互动的教师反思模式 2.0 版本（如图⑤）。

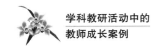
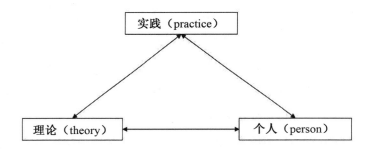

图⑤　教师反思模式 2.0

1. 关注教师反思的内容——洋葱模型

为了详细描述教师反思模式 2.0 版本中的个人维度中包含的具体内容，2004 年，科瑟根借鉴超个人心理学家罗伯特·迪尔茨（Roberts Dilts）的思维逻辑层次，即 NLP（Neuro-linguistic progamming），构建了可以指导教师反思内容的"洋葱模型"（如图⑥）。洋葱模型包含从内部的使命（mission）层次到外部的行为（behavior）层次共分为五个层次，同时，在行为层面之外还有对外部环境（environment）的感知与交互作用。

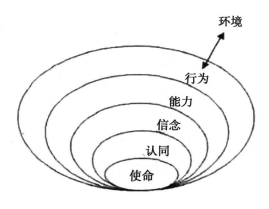

图⑥　洋葱模型

洋葱模型假设内外部层次相互影响，通过改变外部环境可以由外向内地改变教师的行为和能力等更深入的层次，但更重要的是通过教师反思从内而外地提升教师的使命感、教师对专业身份的认同和信念，进而改变教师的能力和行为并影响外部环境。根据洋葱模型，科瑟根认为六个水平之间通常存在差异，这种差异往往使教师产生紧张感，因而教师反思的重点应该是在对身份认同（identity）和使命（mission）层次的反思，从内而外地改变教师，使各种水平之间获得更大的平衡。在理想情况下，这意味着教师的行为、能力、信念、身份认同和使命一起形成了一个与环境相匹配的连贯的整体。

早期的核心反思观以人本主义心理学、超个人心理学和积极心理学为理论基础，因而在反思内容层面既强调对教师自我中的个人品质、性情及信念等方面的反思，也强调对"精神与存在"维度中的使命感和本源性动力等内容的反思，认为教师反思要深入到对完整自身的追求，追求一种超越职业的自我内部精神圆满（wholeness）的实现，即教师对超越性使命的追寻。但由于超个人心理学中隐藏的危机，后期的核心反思观更多以积极心理学为基础，因而将洋葱模型中的教师的使命感维度和身份认同维度划归入自我的领域，同时在使命层面之上增加了核心品质维度，强调教师反思的最高水平应以个体的核心品质（core qualities）为对象，强调其中的个人经历成分而非精神存在成分。

洋葱模型的突出贡献在于对原有仅针对自身教育实践或教育中的政治因素的反思内容提出了挑战和疑问，认为这种反思只关注到了教育系统和教师发展中的外在因素，难以真正促进教师的发展和教育系统的改革。科瑟根认为，对环境、行为、能力和信念的反思，着眼点是"专业"，意在培养"能干的教师"，只有聚焦于认同和使命的核心反思，着眼点才是"自我"，意在造就"有健全人格"的教师。

2. 关注教师反思的非认知因素——核心反思

随着研究的深入，科瑟根将自己先前对于反思过程（ALACT 模型）和反思内容（洋葱模型）的研究进行了更新和整合，形成了一个结合教师自身的思维、感受和期待，关注个体的品质和理想，且对于自身的局限有正向关注的核心反思。至此，科瑟根教授及其团队完成了对反思模式 2.0 版本中个人维度的细化和完善，使教师反思中的个体维度内涵得到了充分说明，其核心反思观和洋葱模型也成了教师反思研究转向后影响最大的理论模型。

所谓核心反思，指通过对个体自身的信念（beliefs）、身份认同（identity）和使命感（mission）的反思，甚至更深层的对于自身的核心品质（core qualities）的觉察和反思，整合教师作为一个完整的人的思想、情感、需要、欲望和想法，并将这种整体性的全部力量和潜力带到教学和学习的经验中。其中，核心品质（core qualities）这一概念是由欧弗曼（Ofman）创造的，主要包括热情（enthusiasm）、好奇心（curiosity）、勇气（courage）、坚定（steadfastness）、果断（decisiveness）、开放（openness）、灵活（flexibility）等。它与积极心理学中的性格优势（character strengths）的概念一致，也被称为心理资本（psychological capital）。科瑟根将传统反思观称为"面向行动的反思"（action-oriented reflection），而称核心反思观为"意义导向的反思"（meaning-oriented

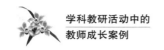
reflection），认为传统的反思观过分强调理性思维的重要性，却忽略了教师个人的感受和需要的倾向，强调应坚持"教师作为人"（teacher as a person）的反思，而不仅仅是"人作为教师"（person as a teacher）的反思，教师在反思中应该平衡对思维、感觉、愿望和行动的关注，才能更好地发挥自身潜能。这种对非理智因素的关注，以及强调要充分挖掘教师的潜能、接纳且正向关注教师自身现有的局限，对于教师反思的研究具有非常重要的突破意义。然而，虽然科瑟根始终强调核心反思观关注精神和意义层面，但实际上成熟后的核心反思模式不再过分关注个体的精神和存在向度，而是从个人成长经历的角度来理解教师的使命感和人生价值。从这个意义上来说，其并没有真正回应对人本主义思潮以来倡导教师反思关注其"精神和存在"的超越维度的要求。

（二） 主体性反思模式指导下的实证研究

自教师反思模式进入 2.0 乃至 3.0 版本，影响教师反思的个人因素开始得到重视，比如教师的反思意愿、反思实践的经历以及对自身局限和突破点的认识等个体因素；同时，影响教师反思的环境因素也不再局限于学校文化这一宏观层面，而是更进一步提出了反思者的个人空间以及反思小团体的构建等更微观层面的影响因素。以此为指导，在实践领域，干预教师反思的手段也在构建宏观教师反思虚拟平台的基础上，增加了构建更精致的教师反思支持性团体的方法。

1. 影响教师反思的个人因素

对教师反思个体层面影响因素的研究多基于心理学领域"自我反思"的相关研究，重点探讨不同的教师反思倾向性不同的原因。研究表明，个体的独立性（being independent）、开放性（open）、好奇心（driven by curiosity）、自我效能（self-efficacious）、心境的平和（not too happy）、内部自我控制焦点（having an internal locus of control）、自我抽离的观点（self-distanced perspective）和较高的核心自我评价（high core self-evaluation）都会影响到个体反思的意愿、过程和结果。其中，意识到自我反思的必要性（an awareness of the need of self-reflect）、参与过程的意愿（a willingness to engage with the process），以及自我反思的能力（an ability to self-reflect）被认为是进行有效反思的最重要的影响因素。然而，由于反思的内隐性和复杂性，通过实证研究准确揭示个体层面教师反思的影响因素并不容易。有的研究者通过一系列的量化研究，也仅揭示出自我指导学习准备度（self-directed learning readiness）可以作为预测教学反思倾向的敏感变量。也有研究者采用质性研究的方法，认为教师反思的动力来源是理想信念，包括教师的使命感和身份认同等。但更多研究者仅是从理论上分析，认为教师的职业道德、动机、需要、态度和认知风格等会影响教师的反思能力和反思倾向。这种理论上的分析的最终结果往往是将动机、情感、个人品质、知识水平等所有心理因素都列入其中，而这种泛泛之谈也使得在实践过程中，教师反思意愿低、反思习惯难以养成等问题始终难以有效解决。虽然早在教师反思研究之初，杜威就强调虚心、专心和责任心等态度的重要性，且强调这些态度既是个性的特质，更具精神上的意涵。即这些个人品质虽然具有相对稳定性，更重要的是要通过训练和教育加以培养才能形成。但由于对于影响教师反思个体层面的因素研究多基于心理学领域自我反思的相关研究和观点，将个体这种反思的倾向和态度视为一种相对稳定的个人特质，而忽略了其精神上的意涵和变化的可能，故而后续研究对于教师反思个体层面的影响因素的研究稀缺，对后续的干预研究产生了不利影响。

2. 团体支持教师反思的干预手段

教师反思的共同体包含两种类型：以传统反思理论为指导的教研团队和以核心反思理念为指导的核心反思共同体。传统的教师反思共同体实质与团体教研区别不大，指教师通过现场观摩或录播课等方式与同事进行对话反思和合作反思。相较于个体反思，合作反思能够帮助教师从多种角度理解自身的教育教学实践，打破原有的经验束缚和思维定式，避免反思机械化，内容空洞肤浅、反思对话局限自我，缺乏交流、情感抒发，与实践脱节等现实问题。更重要的是，这种合作反思可以避免在现实中很多教师的反思性实践最终反而蜕变为对自身已有观念的认定、证明及合理化过程的问题。以核心反思为指导的共同体构建，则是在传统的档案袋、录课等方法的基础上，借鉴了绘画、隐喻及引导性幻想等团体咨询中的技术，通过专业的监督者（supervisor）和协助者（assistant）的支持，构建安全、开放、包容的反思共同体，从而引导教师进行核心反思，并通过访谈、日志等质性研究的方法对核心反思的效果进行研究和说明。实证研究结果表明，通过构建反思共同体促进核心反思是一种可以将职业身份和个体身份，自身的使命感、激情和教学力量结合起来的有效方法。然而，由于这种干预类似心理咨询，需要监督者具有较为丰富的经验，且会消耗监督者和协助者大量的时间和精力，项目的周期较长且效率较低，难以大规模地推广，所以更多的研究者仅是采用洋葱模型作为其研究或干预过程中分析教

师反思日志的框架，而不是真正贯彻了"将教师作为一个完整的人"的人本主义理念。也有很多研究者在使用了洋葱模型之后发现，有时即便进行了培训或干预，如果实施不到位或没有坚持，教师的大部分思考仍集中在环境和行为上，即洋葱模型的外层，反思难以深入的问题仍没得到根本性解决。

无论是以传统的反思理论为指导，还是以核心反思理念为指导，合作促进教师反思的干预方式归根究底仍是改善教师反思的外在环境而非内在因素。简言之，这仍是一种由外而内的改善教师反思的方法，而非由内而外激发教师反思的途径。

总体来说，教育学领域下教师反思的研究经历了从传统的工具性反思观到本体性反思观的转变，共经历了三代模型：强调教育理论与教学实践之间的互动的 1.0 模式；重视教师主体性，关注教育理论、教学实践与教师自我三者的交互作用的 2.0 模式；以及在此基础上，倡导要关注精神和存在向度的 3.0 模式。总体而言，无论是在理论领域还是在实践层面，教师反思 1.0 模式仍处于主流地位，但 2.0 模式对其形成了强烈的冲击，而 3.0 模式的教师反思研究仍处于萌芽阶段。教师如何更多地基于自我的需求开展专业发展的反思，以及这种机制如何能够在学校范围内更好地传递下去，这是一个值得深入探讨的问题。

本书提供了北京市西城区参加教师教研活动中部分老师的项目反思。尽管这些叙事的内容是按照要求来完成的，但也可以从中看到北京市西城区一线教师们在加入项目以后的主动反思特征。这些特征也将在后面各章的内容中与读者一起分享。

第二章

展览路第一小学李志鹏
个人成长案例

始建于 1955 年的北京西城区展览路第一小学，当时的校名是北京市海淀区百万庄小学。1956 年重新划区后，更名为北京市西四区苏联展览馆路小学。1957 年再度更名为现用校名——北京市西城区展览路第一小学。

目前学校共 48 个教学班，在岗教师 142 人，在校生 1946 名。学校以"法治、制度、责任"为工作原则，加强管理工作的组织性和规范性，营造风清气正、安全规范的科学治理氛围，促进学校的可持续性发展，推动实施"有温度的教育"。

学校的价值理念是"容慧并举，德才兼备"。尊重学生的个性差异，为学生提供宽松、自由的学习氛围，注重培养学生的创新思维，为培养具有独立人格和创新精神的人才奠定了良好基础。

一、项目的实施

反思指教师对自己的行为以及由此产生的结果进行剖析、解读的过程，其本质是一种理论和实践之间的沟通，它反映了一个人对其身心状况的认知。教师的教学反思是一种良好的专业品质，它不仅是个人思想的再生产，也是个人成长的必要条件。波斯纳提出了教师成长公式：经验 + 反思 = 成长。该公式体现了教师成长的过程应该是一个总结经验、不断反思的实践过程。在日常的教育教学工作中，每位教师都会遇到不少教育教学事件，这些都成为教师反思的素材。教师反思的对象一般是自己亲历的教学事件，自己本身也就成为研究的主体，因为是从本身的教学实践出发的，这也是一种真实的研究和反思。换言之，反思就是理论与实践之间的相互交往、对话、转换。

教师需要留心自己教学中的各类事件，动用一切资源加以思考和批判，最终归纳、提炼出实践经验。在本个案研究中，可以看到展览路第一小学的李志鹏老师对教学目标、教学内容、教学过程、教学评价等进行了比较深入的反思。这些反思包

括他在教学开始前设计的合理性、教学过程中的预设与生成，以及教学过后的反馈。他通过长期积累这些方面的反思来提升自己的教育教学水平。

反思素养能有效提升教师的教学机智。教学机智是教师面临复杂教学情况时所表现出的一种敏感、迅速、准确的判断能力。李志鹏老师在访谈中也谈到：课堂中的情形可谓瞬息万变，一个新手教师与一个有五年教学经验的骨干教师相比，其判断力大相径庭。这种判断力并不是与生俱来的，一定程度上来源于后天个人对教学不断反思的积累。换言之，促进教师教学机智的生成，需要加强教学反思来丰富教学实践经验。

反思素养能提升教师的科研水平。教师是教育教学工作的承担者，也是某一学科的专家、研究者。在李志鹏老师的访谈材料中可以看出，李老师认为教师的任务不仅仅是教学，教师除了教学之外，更多的工作是钻研教材、教法、学法等，不断更新自己的教学理念以适应当前学生的发展。所以，教师的科研意识来源于自身的反思素养，无反思不成长，无反思不更新，只有走在反思的前列，才能提升自我的科研水平。

入项前的自我分析

本人毕业于首都师范大学，在校期间一直学习有关小学教育的相关理论知识。2009年参加工作，至2021年，已在教育岗位工作了12年。在职期间一直担任高年级的语文教学工作，同时担任班主任工作也已经12年了。12年前我还是一个只会"纸上谈兵"的师范生，初入教师行业，我走得磕磕绊绊，慢慢地，我已经积累了十多年的教学经验。真正走上这个岗位，我才认识到教师并不是一个简单的职业，而想要把学生教好是一件不容易的事情。

作为一名小学教师，最重要的是要有过硬的专业知识以及与现代教学相适应的各种知识。现代科学知识日新月异，各种新知识、新信息不断涌现，而我却缺乏创新和探索精神，不能较快地吸收并运用到自己的教学中来。我越来越意识到自己所学的知识不够丰富，在教育的不断改革与发展中，我需要不断更新和完善自己的知识结构。

新课程注重学生研究性学习，它要求教师能够创设丰富的教学情景，以激发学生探索问题、解决问题的兴趣。为此，我们必须首先成为探究性学习者和实践者，以自身的探究性的学习经验和实践能力，去更好地指导、丰富和发展学生的探究性学习活动。另外，教师还要有广阔的教育前沿视野、敏感的教育问题意识、灵活有效的从事教育教学和教学管理的能力等。在这些方面我还存在着一定的不足，为培养学生终身发展的能力，我需要不断更新和完善自己的专业知识结构。

"精品校"项目联盟活动，恰恰丰富了我们的专业理论知识，不断督促我们进行研究、学习、实践，在活动中不断提高自己的专业能力。

二、项目中的经历与反思

（一）专家讲座，提高专业理论

项目组专家针对老师所需，利用线上线下等多种形式进行培训，为我们身处一线的教师提供了宝贵的专业理论。专家们的讲座引发了我对课堂、学生、教学的思考。

在这个大数据时代、信息爆炸的今天，学生的见识可能远远超出了我们的认知，作为教师我们应该教什么？在新课标中明确提出培养学生的核心素养，意在重视培养学生的人文底蕴、科学精神、学会学习、健康生活、责任担当、实践创新，帮助学生能够适应终身发展和社会发展的需要。北京师范大学的教授针对深度学习进行了交流，提出课堂实施深度教学有助于核心素养的达成。

在课堂中如何让教学深度发生？根据郭教授的教与学关系的表格，我更加深刻地认识到应注重学生的课堂参与度。从教学过程的基本规律来看，任何教学过程的安排，其出发点和最终目的都在于学生的"学"。"教"为学而存在，为"学"而服务。教师只能引导、组织和辅导学生学习，而无法代替学生学习。由此可见，重视学生的课堂参与度就是在重视培养学生的主体性，能够关注学生参与学习的准备、认真倾听的程度、与他人的互动、自主学习的程度以及学习目标的达成情况。这也要求我们教师能够从学生参与的广度、深度以及学习的效果去设计教学内容，培养学生的核心素养。

深度教学需要我们教师在教学过程中要切实关注学情。我们都知道教学中先要了解学情，但不一定都能做好。因为我们很多时候是以"我觉得""我认为"为依据，听了专家的分享，我也更加清晰地认识到：要把关注学情落到实处，巧妙运用教学策略，促进学生学习的深度发生。在教学中关注到学情，才能关注到学生的基础与认知的差异，才能有效指导我们的教学行为。

深度教学需要教师关注教学目标的制定。教学目标是我们实施教学活动的方向

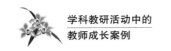

和出发点。细化教学目标，使之具有可操作性，使之具有层次性。

深度教学需要教师注重思考教学策略。如李吉林老师的情境教学理论模式，创设贴近学生生活的教学情境，拉近了教材与学生的距离，激发了学生学习的兴趣、欲望，并且能更好地将知识运用于生活。初次小组合作、学科关联……多种有效的教学策略都可以为我们所用，为教学服务，为学生服务。

系列专家讲座的开展，让我们站在更高的角度，帮助我们从经验性教师向专业性、科研型教师转化，让我们的教学之路有了更明确的方向。

（二）内化理论，指导教学实践

教学目标是课堂教学的"主心骨"，是教师设计教学内容的依据，所有的教学环节也都是围绕教学目标而开展的。在教学中设立具体目标，能对学生起到"精准指导"的作用。因此，设计好教学目标对于上好一节课至关重要。在以往教学目标设定时常忽视它的重要性，如空泛不明、忽略课标要求、忽略学情等。"精品校"项目组开展了以教学目标为主题的研究、学习、实践活动。这一活动的开展，也让我开始关注教学目标的制定，关注教学目标在课堂教学中的重要性。

对于语文学科而言，教师应先思考语文的本体性知识，明晰语文学科核心素养，再在此基础上设计教学目标，展开有效教学，达成提升学生语文素养的总目标。在制定教学目标时需要结合外部"大环境"。统编版小学语文教科书最大的变化之一便是"双线"组元，每单元不仅有人文主题，还有语文要素。课文通常是依据新课程标准、语文学科核心素养等要求选入教材的，它不是一个独立的个体，而是语文课程不可分割的一部分，因此具体的教学目标不是只考虑某些因素就能设定的，而要结合课标、课程改革、核心素养等外部"大环境"。教师设定教学目标时，有了更宽广的思考空间，不再是为教课文而教课文，也不用想方设法让学生理解课文的中心思想，而是要让学生从课文中学会运用语言文字，毕竟"课文无非是个例子"。除此之外，还要深入研究单元目标，明晰课文所在的"小环境"，即课文所在的学科、阶段、单元等，理解这篇课文存在的真正意义。如此，教师才能真正理解课文，设计的教学目标才能合情合理，教学也便易于达成预期的效果。

下面我以《"漫画"老师》为例，说一说我在设计教学目标时的一些学习和实践。

《"漫画"老师》是统编版语文教材五年级上册第二单元的习作内容。"老师"前冠以"漫画"二字，突显了习作要求——用语言文字突出老师的特点，把老师的形象写得鲜活、有趣，并且能够选择一两件事突出人物的特点。

其实，对于抓人物的特点，学生并不陌生。统编版语文教材三年级上册的习作中有《猜猜他是谁》，三年级下册的习作中有《身边那些有特点的人》，四年级上册的习作有《小小"动物园"》，四年级下册的习作有《我的"自画像"》，这些都涉及了人物的外貌、特长、品格的特点。四次训练要求，层层推进，逐步提升，体现了统编版语文教材的系统化。由此可见，《"漫画"老师》是抓住身边有特点的人进行描写的一个提升，描写时既要抓外貌特点，用夸张的漫画手法来体现；又要通过一两件具体事例来叙述，尤其对于事例中的细节描写有了一定的要求。再通览五年级上册教材的习作内容，我们不难发现，教材着重培养学生的思维力、想象力和学会表达自己的真情实感。所以在习作教学过程中就要注意激发学生的写作动机，唤起学生的生活经验，让学生有话可写，愿写乐写。要注意培养学生留心观察的习惯，使学生能丰富自己的见闻，并能在字里行间表达情感。

着眼于本次作文的主题，一提到"漫画"学生首先就会想到美术手法、漫画形象。针对教材培养目标以及本单元的习作特点，我就想利用漫画素材来突破习作难点。漫画简洁直观的内容，正是学生容易感知和认同的画面，再加上漫画的趣味性、针对性强的特点，学生也容易理解，最终引起共鸣，是发展学生创造性思维和想象力的重要手段。所以将漫画引入课堂与写作练习有机融合，能够让学生忘记作文的难度，抛弃对作文提笔的胆怯，帮助学生发展观察能力，提高想象力，把静态的漫画变成了动态的故事。我借此契机，与美术课进行学科融合，拉近学生和作文课的距离。所以，我将教学目标制定为：

1. 通过观察老师的肖像漫画，找到老师外貌、性格、爱好等方面的特点。

2. 抓住老师的显著特点，学生展开想象，运用夸张、排比等修辞手法，把老师的形象写得鲜活、有趣。

3. 通过老师的特点联系生活，在具体情境中，学会将事件描写具体，表达真情实感。

教学重难点：

1. 抓住老师的显著特点，引导学生展开想象，运用夸张、排比等修辞手法，把老师的形象写得鲜活、有趣。

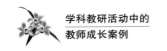
2. 通过老师的特点联系生活，在具体情境中，学会将事件描写具体，表达真情实感。

为突破教学目标，我寻求了美术老师的帮助，以"'漫画'老师"为主题，让学生先通过观察老师的特点，大胆想象，再进行漫画创作。借助美术课帮学生抓老师特点，运用夸张手法进行写作。在创作的过程中学生表现出了极大的兴趣，这也拉近了学生和作文课的距离。

两个学科同一主题——"漫画"老师，都是通过感官抓人物特点，都是运用夸张的手法表现人物形象。美术课上，学生用绘画的方式突显了人物特点，习作中怎样用夸张的手法来表现人物呢？为了帮助学生突破这一难点，我设计了以下的教学内容。

1. 以画激趣，突显人物特点

课堂上，我出示学生创作的漫画，通过猜一猜环节，引导学生在交流中抓住老师的显著特点。漫画中简洁直观的形象，对特定部位夸张的表现，使学生容易感知和认同，激发了学生的表达欲望，为学生的写作搭建了桥梁。

2. 以话描形（行），丰满人物形象

抓住漫画中呈现的一处特点，带着学生描述，使学生明确如何用夸张的手法突出老师的特点，并引导学生联想生活中的场景，通过联想、想象等方法来丰富、充实写作内容，使老师的形象更加鲜活，使内容更加生动。

这两个教学环节，借助漫画使学生对老师特点的认知由浅入深，由模糊到清晰，从而能够学习运用各种方法进行描写，使画面中静止的人物形象鲜活起来。

3. 以文助画，突破写作难点

习得了方法就要运用在写作中，这时我让学生抓住自己所画老师的一个特点，用已积累的词语进行描绘，并将这些丰富的词语补白在漫画旁。词语的补充帮助学生把老师外貌、言行、神态等方面的特点描写得具体、生动，使老师的形象不仅展现在画作中，也展现在眼前。学生抓住关键词语联想、想象，运用修辞手法进行语言的表达，更有效地突破了写作的难点，丰富了作文课的形式，赋予了写作更多的乐趣。

4. 融入事例，完善写作内容

在前面的教学中，我以漫画入课激趣，发现老师特点，带着学生通过联想与想象，用夸张等手法交流突出某一特点的具体表现。然后尝试用恰当的文字对凸显老师这一特点的言行神心等方面进行细致生动的描写。这时，学生已经能围绕老师特点写出一个比较细致的场景。在此基础上，我引导学生将这样的场景融入到具体事件之中，完成由段到篇的过渡。让学生明确高年级写人记事的习作要围绕中心将重点段落展开写具体，并能运用日常积累的词句恰当地表达，恰当地描写。

本次习作将学生漫画引入课堂，设计以画激趣、以话描形（行）、以画助文的教学内容，激发了学生表达的欲望，使课堂充满了趣味性。学生围绕漫画，展开联想与想象，由对漫画的直观感受到对老师形象的表达，不仅解决了无从下手、特点不明的问题，也帮助学生习得了夸张、放大人物特点的方法，明确抓人物特点要从言行、神态、心理等方面进行描写，突破了本次习作的难点。在这一教学过程中我把话语权交给了学生，使学生在与人交流的过程中提高习作能力，实现了教学目标的预期效果。

通过不断学习和实践，我渐渐认识到，语文教师在设定课文教学目标时，要视野开阔，将课文定位在新课程理念、新课程标准、语文学科核心素养、单元目标、课文语言优势中，才能使课文教学目标趋于科学、合理，以及符合核心素养的要求，从而体现目标教学的价值。

三、项目后的成长与收获

在学习中实践，在实践中提高。项目组活动使我充分认识到反思、创新、实践的重要性，并开始在教学中不断探究，尝试多种教学策略，力求达成对学生素养的培养。

（一）运用多种教学策略，提高写作能力

1. 单元习作化整为零，突破习作难点

习作《我的拿手好戏》是统编版教材六年级上册第七单元的习作。要求学生能够把重点部分写具体，表达出情感。如何落实教学目标，突破重难点呢？这需要我们从学生的实际需求出发。学生已经掌握描写人物的基本方法，明确要从言行神心等方面进行刻画，能够运用日常积累的词句进行表达。但是在梳理写作思路、丰富画面内容、表达内心的情感体验等方面还有所欠缺。尤其是这篇习作的主题，学生的拿手好戏不乏与艺术有关，如何寄情于文，把艺术所呈现的意境描写出来呢？

基于这些思考，我关注到单元的教学内容。语文要素：1. 借助语言文字展开想

象，体会艺术之美。2. 写自己的拿手好戏，把重点部分写具体。引导学生展开想象是小学阶段阅读教学的重要内容，每个阶段的侧重点都不同。本册书第一单元的语文要素就是联想与想象，侧重于由文章内容展开想象。本单元则侧重于借助语言文字从多个角度展开想象，进入课文的情境，感受文字与艺术的魅力，丰富学生的审美体验。所以展开想象也是学生进行细致描写、丰富文章画面与情感的方法。我以语文要素为总目标，借助课文将各部分教学资源整体纳入设计视野，引导学生领悟写作方法，恰当表达，突破学生习作的困难之处，减轻学生修改的负担，提高学生的写作能力。

2. 创设任务情境，突破习作难点

传统的写作教学基本上是在脱离情境的条件下，纠缠着局部的、割裂的知识，这些知识和日后学生将要面对的复杂写作情境之间形成了鸿沟。因此，在写作教学中，写作情境的创设无疑是学生核心素养得以发展的重要条件。指向核心素养的写作教学设计，起点应在于如何去创设具备真实情境的学习任务，以引发学生的写作学习。

在日常写作教学中，学生面对的通常只有一个话题，缺少其他必要的情境要素。这种做法就是在要求学生无缘无故地写作。如何寻找恰当的话题，进行任务驱动，使学生在情境中进行习作呢？为此，我在执教《学写倡议书》这篇习作时以少先队活动为契机，将"我爱我家"这一主题贯穿于整个单元的学习，提前给学生布置任务，观察生活中的现象，为建设美丽家园贡献力量。

为学生创设写作的真实情境，使学生的习作更有仪式性和目的性。这个情境与学生的生活息息相关，将情境贯穿于整个活动的始终，这样写成的文章不再仅仅是一份作业，还有其真实的意义，也激发了学生写作的兴趣和动机。

让学生对写作学习感兴趣，就要让他们成为写作学习活动的参与者，让写作成为他们的需要。写作情境与学生实际生活需要相吻合是提高学生写作学习兴趣的关键。

（二）打破原有教学理念，提高学生语文素养

除此之外，我开始挑战统编版教材中的新课文，突破原有的教学理念，在课堂中激发学生的思维能力，将课堂真正还给学生。如执教《他像一棵挺脱的树》。

《他像一棵挺脱的树》是统编版五年级下册第五单元《人物描写一组》中的一

篇课文。本单元是习作单元，以培养学生习作能力为单元主要目标。本单元的语文要素是"学习描写人物的基本方法"。习作要求是"初步运用描写人物的基本方法，具体地表现一个人的特点"。在教学过程中我关注了单元特点、课文特点、学生需求。第一，立足单元教学，关注片段间的联系。《人物描写一组》中的三篇文章，在描写人物的方法上各有侧重。学习本课时，引导学生关注篇与篇之间的内在联系，使学生在关联、对比中，明确不同的人物形象有不同的描写方式，恰当运用描写方式，突出人物特点，使形象更加鲜明，从而提高学生的写作能力。第二，用体验式教学加深学生理解，训练学生思维。在品词析句、理解祥子形象的基础上，播放契合文本内容的电影片段，由此创设间接体验情境，将祥子直观而形象地展现在学生面前。观影后将电影中与心中的祥子对比进行影评，如此使学生在体验多媒体情境中产生兴趣。同时在直观观察中，充分发挥多种感官的作用，让学生自主地对文本内容、人物形象进行理解、分析，从而加深认识。

不仅如此，在教学活动中，以文本语言为切入点，除在师生、生生间对话交流、有感情地朗读等方式之外，还对祥子的身材、心理活动、生活画面进行想象，以多样的方式引导学生品析语言，促进个性化的理解与想象力、创造力的发展。体验式教学方法可以让学生更加真实地感受课文所表达的情感，从而增强课堂教学效果。最后，注重读写结合，提升学生的运用能力。在教学中把阅读教学与学生的习作实际紧密联系，及时有效地进行模仿和创造性练笔，使学生从读中悟写，充分发挥阅读与借鉴的仿效作用，从而提高学生的写作水平。

附录

（1）学校项目实施大事记

2019.3.29	课例研讨：刘月《古诗三首》，李志鹏《晏子使楚》
2019.4.12	课例研讨：师禹哲《古对今》，赵静文《摔跤》
2019.5.15	交流小课题改进
2019.6.15	分享教研组的任务安排
2019.9.20	课例研讨：张梦《白鹭》；新学期研究主题交流与指导
2019.10.15	专家指导项目组老师指定小课题
2019.11.19	微课展示与小课题研讨：师禹哲、陶琪、白慧东
2019.12.10	小课题研究的案例分享与交流；微课展示与研讨：赵静文《书戴嵩画牛》
2020.2.25	教学案例的分享交流活动

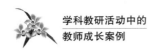

学科教研活动中的
教师成长案例

续　表

2020. 3. 30	专家在线专题讲座
2020. 4. 2	线上交流学习收获，提高教育认知
2020. 9. 15	制订新学期活动计划
2020. 10. 24	线上学习：第五届小学教育学术研讨会
2020. 11. 24	《为中华之崛起而读书》教学目标的设计与思考
2020. 12. 11	分享课例《搭船的鸟》学习收获，交流制定教学目标的要点
2021. 1. 2	"学习任务设计"讲座的交流研讨
2021. 1. 27	专题讲座"教学目标研究总结与案例撰写建议"线上总结研讨
2021. 3. 31	交流研讨：如何写好案例
2021. 4. 15	探讨课例《数学广角搭配》，专家讲座"教学活动设计"
2021. 5. 13	探讨课例《森林王子》，专家讲座"教学组织与教学设计"
2021. 6. 2	听课、评课四年级语文《古诗三首》
2021. 6. 25	评课《古诗三首》，交流专家讲座"教师如何撰写论文"
2021. 7. 13	布置期末论文任务

（2）教师成果列表

教师	获奖情况
李志鹏	2020年12月，论文《基于知识管理的青年教师校本教研》在期刊《北京教育（普教版）》上发表
	《体验式教学在语文中的应用》荣获北京市西城区精品校联盟优秀教学与研究案例评选一等奖
	《基于情境的口语交际教学》荣获北京市西城区精品校联盟优秀教学与研究案例评选一等奖
	《细化目标，以画助文——"漫画"老师》荣获北京市西城区精品校联盟优秀教学与研究案例评选一等奖

（3）专家点评

教师反思的内容即教师反思什么，一直是反思研究的重点。在本部分中，李志鹏老师的精彩叙事，给读者呈现了一位教师在教学反思过程中的个体经历。范梅南（Van Manen）曾提出教师的个体反思常常经历三阶段，包括技术的合理性阶段（technical rationality）、实际行动阶段（practical action）和批判性反思阶段（critical reflection）。通常来说，新手型教师主要进行教学技能反思，适应型教师则更多地进

028

行教学策略反思，成熟型教师进行教学理念反思，专家型教师则进行教育科研反思。

在李志鹏老师的回忆中，她指出最初加入这个项目的初衷："最重要的一点是要有过硬的专业知识以及与现代教学相适应的各种知识。现代科学知识日新月异，各种新知识、新信息不断涌现，而我却缺乏创新和探索精神，不能较快地吸收并运用到自己的教学中来。我越来越意识到自己所学的知识不够丰富，在教育的不断改革与发展中，我需要不断更新和完善自己的知识结构。"

在进入项目组后，李志鹏老师特别关注的就是教学技能的反思，这种对行为操作的反思，使得李志鹏老师抓住了加入项目的初衷。李老师在项目学习过程中，教学反思聚焦在学生"如何能够把重点部分写具体，表达出情感""如何落实教学目标，突破重难点"等技术手段上。李老师将教学反思定位在从学生的实际需求出发，思考如何让学生掌握描写人物的基本方法。也正是在这个过程中，李老师明确了从言行神心等方面进行刻画，运用日常积累的词句进行表达的写作教学方法。

学习了郭华老师的有关深度学习的讲座内容后，李老师的教学反思进入了实际行动阶段（practical action）。在这个阶段，李老师基于这些思考关注到每个单元的教学内容，提出教学中要注重语文要素的渗透，主要包括借助语言文字展开想象，体会艺术之美；写自己的拿手好戏，把重点部分写具体；引导学生展开想象是小学阶段阅读教学的重要内容，每个阶段的侧重点都不同。这一反思是在前一阶段反思的基础上更加深入的思考。

随着反思的深入，李志鹏老师的反思内容也逐步深入。李老师开始挑战统编版教材中的新课文，突破原有的教学理念，在课堂中培养学生的思维能力，将课堂真正还给学生。她执教《他像一棵挺脱的树》时，做了如下尝试：

"用体验式教学加深理解训练思维。在品词析句、理解祥子形象的基础上，播放契合文本内容的电影片段，由此创设间接体验情境，将祥子直观而形象地展现在学生面前。观影后将电影中与心中的祥子对比进行影评，如此使学生在体验多媒体情境中产生兴趣。同时在直观观察中，充分发挥多种感官的作用，让学生自主地对文本内容、人物形象进行理解、分析，从而加深认识。"

所以，李志鹏老师经历了对教学技能、策略、理念的反思，这构成教师反思内容的三大主题，也是三个梯度。对于其他教师来说，这种反思值得借鉴。

第三章

中古友谊小学邱艳蕊

个人成长案例

中古友谊小学创建于 1954 年 1 月，原为国家计划经济委员会子弟小学，坐落在首都钓鱼台国宾馆的东侧。1964 年 1 月由外交部命名为北京市三里河中古友谊小学。该校接待过来自世界各地十几个国家的外宾。古巴的一些党政要员多次来学校参观，古巴驻中国大使馆的小朋友曾在该校学习。截至 2021 年，学校共有 60 个教学班，2300 余名学生，是北京市规模较大的学校。学校建校 60 多年来，经过几代教师的不懈努力，学校以顽强的创业精神、先进的教学思想、一流的教育质量，赢得了社会的赞誉。学校的办学宗旨是："关心每一个学生，使他们具有扎实的基础知识、较为广泛的兴趣爱好、较强的实践能力。"同时学校重视学生的差异，促进学生的个性发展。学校办学受到了社会各界的关注。我国著名教育家、儿童文学作家韩作黎为该校名誉校长。

一、入项前的自我分析

刚进入课题组的时候，课题组老师要求每一位老师进行自我分析：分析自我教学特点和制定未来的成长规划（近期目标和远期目标）。我当时对自己的教学特点认识如下：

（一）优点

1. 坚守职业道德，向着"学高为师，身正为范"的方向努力；
2. 对学生充满爱心，关注学生的发展；
3. 在工作中善于反思，查找自己的不足；
4. 教学上愿意学习先进的教学方法、先进的经验和教学理论，以充实自己。

（二）缺点

1. 教学上从理论到行动的落实中有一定的偏差；

2. 教学方法上缺少创新意识；

3. 钻研性还有待提高。

（三） 未来的发展目标

通过看书、听讲座提升自己的学习能力，提升自己的教育教学理论水平，在低头判作业、备教案的同时也要勤于学习教科研的基本知识，善于总结、整理和系统分析。撰写案例和总结，使自己的教学更有借鉴性。

二、项目中的经历与反思

进入课题组后，课题组每学期都会有组织、有计划地开展一些活动。现在看来，这些活动的开展给教师的成长带来巨大的助力。

（一） 学习讲座

每个学期，课题组都会请专家开展教育教学系列讲座，不仅包括《教学活动的意义》《着眼学生发展的学科教学改进》等较为宏观的教育内容和《核心素养取向的小学学科学习活动设计专题讲座》《教学目标研究的案例撰写》《教学活动设计》等具体微观的教育内容，还包括诸如《一线教师如何撰写科研论文》等有关教师自身科研能力成长的内容。这些讲座无一不凝结着项目专家们的心血。

讲座"教学活动设计"给我留下了深刻的印象。阚维教授深刻地批判了教学活动中存在的问题：（1）现在教学中仍然存在着教师将教学内容剥离出与儿童世界息息相关的活动，把这些当作知识填鸭式地灌输给学生；（2）教学设计只注重活动，忽视了教学活动的有效性。

阚维教授从教学设计的基础、研究、流程、案例等四个方面进行了详细阐述，对我们平时常态课的设计起到了很好的引领作用。

阚教授提出：教学活动设计要突出学生的主体性，学生是一系列活动的主体，是活动的执行者。在设计教学活动的时候要强调学生的主体地位，要考虑学生的知识起点、学习习惯、兴趣爱好等诸多因素。

通过对这次讲座的学习，我系统学习了教学设计的流程：

1. "要到哪里去？"即教学目标是什么。在进行教学设计之初，教师要依据课程标准对教材本身的教学内容进行分析，同时还要分析学生的知识起点和学生的学习特点等。

2. "如何去到那里?"即怎样组织教学内容。在教学实施方面,教师要组织多种学习方式吸引学生加入活动,要关注学生之间的个体差异,设计符合学生特点的活动,同时也要关注各班学生的差异,进行适当调整。

3. "怎样判断是否已经到达?"即如何评价学习效果。教学方案实施后,要及时进行教学反思,记录自己在课堂教学过程中遇到的问题或者值得推广的经验,以便在工作中解决或借鉴。

(二) 记录心得

每次培训完成后,我都会认真写心得体会,写下自己的收获、思考及感受。这是自己进行再消化的过程,也培养了我随时记录教学日志和教学心得的习惯,这也为我进行教学案例的撰写埋下了种子。

如:在学习完陈晓波教授"核心素养取向的小学学科学习活动设计"专题讲座后我写下了如下心得:

刘教授的讲座清晰地阐述了教学目标在一节课教学设计的方向性上的引领作用,同时也帮助我们更清楚地认识了"素养目标"与"知识目标"的区别与联系。将原来的"过程与方法、情感态度价值观"具体化、可操作化。同时以"具体结果"为目标的逆向化教学设计的目的性更强也更有可操作性。由此设计的评估依据作为设计目标的标准。另外,刘教授在二维认知领域目标分析框架中提供的范例对我们的教学设计有很强的指导意义,实用性很强。最后的"优先次序"提醒我们在教学设计中不要求面面俱到,要有侧重,这为我们校本课程体系中的单元整合设计提供了具体的抓手。我们要在各年级相同话题之间各自有所侧重,这就要求我们对单元整合要有纵向了解和比较,从而确定不同年段的重点是什么,强调什么,弱化什么。

(三) 应用实践

课题项目最终要成就教师,服务学生。关注自身发展的同时更加关注学生的发展,这也是教育发展的终极目标。为此我勇敢迎接挑战,在每一次培训完后,都会在讲座中选出一个点应用于实践,在实践中检验理论,最终促进学生的发展。

(四) 撰写案例

课题组要求教师每学期上交一篇论文或者教学案例,我完成了《借助目标交流

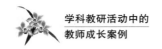
卡的使用，提高小学高年级学生学习主动性》《由思维导图想到的》《一节课打磨中的获得》《我在微课中成长》四篇案例。每次案例的撰写都基于课程讲座的学习，或者是在上课的过程中受到课程讲座的启发得来的教育随笔。如：在听完郭华教授的"深度学习及其意义"的讲座后，我掌握了一些有关深度学习的特点，使学生围绕着具有挑战性的学习主题，全身心地参与，体验成功、获得发展。讲座还深度剖析了学生学习的特点，列举了持续的教学评价对学生的积极意义。考虑到我所教的班中也有类似的情况，我开始酝酿借助"目标卡"的使用，提高小学高年级学生的学习主动性，经过一学期"目标卡"的使用，教师的持续评价使得教师成为了学生的贴心人。于是，我便将整个的想法、实施过程及效果写成了一篇论文，并获得北京市西城区教育学会论文评比二等奖。

如果说听讲座是输入过程，写心得体会和进行教学实践是内化过程，那么撰写案例和应用教学则是输出的过程。这也是项目的最终目标和个人的最终成长目标。

三、项目后的成长与收获

（一）精品项目课题助力于个人的教学研究

本人在中古小学工作 17 年，是我们学校英语教学改革的亲历者和见证者。一直以来都是从一年级送到六年级，大循环教学使我对低、中、高等各个阶段的知识都有了解。即便如此，我仍然对课题的把握及课题的梳理方面没有足够的意识，在教学目标的设定方面，仅局限在所学的每一节课，而缺少大局意识。三年来的学习督促，使我在教学目标和教学活动设计方面有了很大的提升。

1. 教学设计必须抓住核心素养

优质的学习活动对培养学生的核心素养有着至关重要的作用。教学设计必须落实学科的核心素养，明确学生学习该学科后所应达成的正确价值观、必备品格和关键能力，这也是一切教育的出发点和落脚点。英语课程旨在发展学生的英语学科核心素养，落实立德树人的根本任务。原来注重知识点、语法点、理解与记忆等的教学转变为强调知识能力、思维品质、文化意识和学习能力等英语核心素养的教学，最终落实到培养人的任务上。

2. 教学设计必须把握宏观方向

在原来的教学设计中，我更多地考虑本节课的知识目标（知识点、过程与方法、情感态度与价值观）。进入课题组学习后，我发现教学同样"不谋全局，不足以谋一域"，不能了解整个英语的课程体系，一节课再好也没有可借鉴性。再结合学校课题"基于新标准教材的小学英语主题化教学实践的研究"，我尝试从广度、横向去看大单元教学并整合单元话题，构建主题意义，研读本主题的逻辑结构和内容，研究每一节课在该主题的地位、课时安排等。同时在整合课本知识基础上，适当补充朗文、Big English 等与本话题契合的资料，以丰富教材的广度，增加学习的厚度。同时还要从宏观纵向看，整个主题单元在整个年级、学年段，甚至在整个学校的英语体系中的地位是什么，以前是否接触过，各学段的进阶点如何确定等。将学科知识在自己的脑海里织了一张网，有经线和纬线，各主题单元坐标清晰，一目了然。

以我做过的一节话题为 Trip 的课为例：这是一节六年级的课，以往三个年级也都涉及此话题。如何完成这一节课？我再次把四年级、五年级的课本找来，并和这两个年级的任课老师共同研讨这三个年级的进阶点和侧重点，发现四年级侧重了解谈论旅行应该从哪些方面考虑（Who，When，Where），五年级侧重当选择一个地方旅行时需要考虑哪些因素、做哪些准备等，而六年级的重点是如何描述在旅行中的一次意外或者特殊经历（accident）。纵向分析后，我确定了本单元的教学内容和重难点：（1）能够阅读理解有关天气的文章；（2）能够用形容词的最高级描述旅行；（3）能够用过去进行时+when+一般过去时从句描述突然发生的情况；（4）在单元结束时能够讲述自己旅行中的一次特殊经历。在学习策略与思维能力方面，我希望阅读和倾听同学们的旅行经历，让学生表达自己的看法，培养他们的批判性思维。

3. 教学设计必须以学生为中心

最初在教学目标制定和教学设计上，我过多地以教师为中心，从"我要给学生什么"的角度出发。上课前我自己先研究课本，先看课，再思考：这节课教学内容是什么，就此教学内容我怎么实施教学过程？我应该教给学生什么？凭着自己的判断，或者教师参考用书设定的目标去进行相应的教学设计。教学活动设计上也总是"教师应该……""教师带领学生……"等诸多由教师一方发出的指令。这些坚持教师立场的内容，忽略了学生的教学设计，根本无法落实学生才是学习主体的核心素养要求。

陈晓波教授的"核心素养取向的小学学科学习活动设计"专题讲座和易进教授做的以"教学目标设计"为主题的专题培训系列讲座犹如一束阳光拨云见日，让我

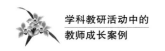
明白了教学目标的表现标准，即要从学习结果的视角来审视我们的目标是否表述完整清晰。教学目标对教师和学生都有指向性，它要根据教材、课程标准、学生情况而制定。在教学实施的过程中，时刻关注"目标"的落实情况，也就是"通过教学学生能做些什么？能说些什么？"只有"教学目标"转化为"学习目标"，才能对学生学习的层面给予指引并促进学生的有效学习。所以教学目标应该着眼于学生的学习结果，要确保学生知晓"在学习活动结束时，自己应该知道、理解和能够运用什么"。简言之，就是学生自己要从学习活动中获得什么，知道学习重点是什么。教学是双边化过程，教师既不能把课堂抓得太死，也不能放任自流，需要有的放矢地对学生进行调控、导航，使"教学目标"真正转换成学生的"学习目标"。

同时"逆向设计"这一设计思路也为我的教学设计提供了一个崭新的视角。"逆向设计"的三个阶段：（1）确定预期结果（学生应该知道什么？理解什么？能够做什么？）；（2）确定合适的评估证据（"什么样的表现能证明达到预期？""什么样的表现证明学生已理解？"等）；（3）设计学习体验和教学。如此将评价证据（评价标准）置于目标（预期结果）和过程（学习过程）之间，使之起到关键性的桥梁作用，这样以终为始、以始为终形成闭环，才能够达到教、学、评的统一，经过这样思考而确定的教学目标才更准确。

有了理论就要实践，恰逢我所教授的六年级打算在阅读课上开始整本书阅读的新尝试，于是我完成了一节公开课的教学展示。北师大教授们的备课和评课又给了我的这次教学展示课以强大的助力。

以下是这节课教学目标制定的过程：

一、指导思想和理论依据

本教学设计是我校对英语阅读教学的一次新的尝试——学习整本书阅读。希望学生在学习完本书后能够建立对阅读的兴趣，提高学生英语自主阅读的能力及英语学习素养。同时，以此为学生升入中学后马上面临的英语阅读量激增、自主阅读时间增加的问题做过渡性的辅导，能让他们更快地适应初中英语的学习。

二、教学背景

1. 我们面临的问题：

（1）瓶颈

阅读是一种非常有效的学习手段，同时也对人一生的发展起着很重要的作用，我校一年级至六年级的阅读课程中，六年级下学期属于一个空白期，在材料和课程设计上缺乏梯度。因此，如何结合当下的核心素养理念，在六年级开发一些新的、更有深度的、适合学生的读物，继续借助阅读提升学生的阅读素养，同时在教学方面有所突破成为当务之急。

（2）刚需

六年级面临升入初中，初中与小学相比，英语学习难度提升，学习方法也有一些变化。所以为了帮助学生更快地适应接下来初中英语的学习，有必要在小学阶段从容量与方法上进行衔接。

2. 我们思考的方向

（1）选材

我校阅读课程的材料一直以来用的是分级阅读绘本，都是一本书讲述一个故事，对于 Fiction 类型的绘本而言，人物和情节都相对比较简单，人物性格也是比较平面。对照《中国中小学生英语分级阅读标准》的描述，六年级的学生在年龄上正处在向青春期过渡的阶段，对奇幻、侦探等主题的内容比较感兴趣，需要给学生提供一些有深度和广度的，超出日常生活范畴的，具有跨文化特征的，人物性格更加复杂、多面的，内容丰富的，发展曲折的读物。在单词量上达到 1300 个单词。综上考虑，我们认为对有章节划分的英文文学名著进行整本书阅读是个不错的选择。

（2）手段

我们认为整本书阅读应该与以往绘本故事的精读有所区别。传统绘本的教学方法，侧重于教师引领的精读。通过预测、想象等策略训练学生的思维，然后发给学生文本材料，带领学生逐行逐段进行讲解并阅读。而整本书阅读篇幅长，章节多，耗时久，首先不能照搬现在的教学模式和步骤，另外要借助手段帮助学生完成学法上的转变，从教师带读到自己会读，至少从意识上要慢慢帮助学生完成转变，完成上面提到的过渡。

3. 我们尝试的做法

通过以上思考，我们选择了 The Jungle Book 作为整本书教学的阅读材料，在教学手段上我们尝试采用 Reading Circle 的方式进行。

（一）基本设想

希望通过本册书的学习，学生们能够提升阅读能力，培养良好的阅读态度、阅读兴趣等阅读品格，从而提高学生的阅读素养以更好地服务于终身阅读。教学思路如下。

1. 整本书阅读前介绍作者，了解背景信息；

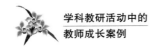
2. 整本书阅读中分两个部分。

第一，课前预习。我们尝试采用分篇章阅读的方式，提前下发阅读内容，请学生在课前就完成阅读；学习形式以学生自主阅读为主，教师课堂指导阅读为辅。

第二，课上探究。在课堂上，希望通过教师的引导，学生能够自主选择适合的阅读策略完成对文本内容的理解、人物性格的分析以及结合个人经历进行观点的分享，由此关注对学生阅读能力的培养，提高学生对名著的阅读兴趣。

3. 整本书阅读后，给学生提供一些外显的实践活动，表达学生的收获。新课程标准强调英语的学习要培养学生的学习兴趣，在学生的生活经验以及认知水平的基础上，提倡学生体验参与、合作与交流学习，从而培养学生的语言综合运用能力和实践能力。

（二）教学目标的制定过程

1. 图书分析

希望学生通过阅读奇幻小说 The Jungle Book，了解 Mowgli 在森林中与动物们互助互爱甚至自我牺牲的生活过程。借助小说主人公毛克利的成长过程，关联自己的生活实际，理解人在生长过程中会遇到各种问题，经历很多事情，体验类似经历。对比不同的处理方式，树立自己的目标——想要成为怎样的人，并为之努力。

同时借助本书的学习，学生能够在使用 Reading Circle 等阅读策略的过程中，逐步由老师指导过渡到自主阅读，使阅读能力和阅读品格得以提高，从而促进阅读素养在课堂中得以落实。

2. 教学目标的研究与改进

教师在教学目标的设定上经历了如下的过程：研读教材→制定目标，试讲→专家意见→修改目标，再次试讲→专家意见→继续修改……我将用图表的方式来呈现教学目标制定的过程及专家的指导意见。

教学目标制定过程

	第一次试讲	第二次试讲	最终版
教学目标	1. 通过学生之间提问，学生能够理解本章节大意。 2. 借助句子排序，学生能够理解本章节的脉络。 3. 借助思维导图，学生能够理解主人公在本章节的活动。 4. 通过本节课的学习，学生能够借助文章中的人物语言和动作分析人物性格	在文本知识层面： 1. 理解故事大意，借助 summarize 等活动，提取故事的主人公在两位教师的严格管教下仍然违反森林法则，被猴群抓走的故事脉络。 2. 分析人物性格，借助文本中人物的语言、动作分析主人公及老师的性格。 3. 表达自己的观点，联系自己的经历或者情感解读文中人物，表达自己的观点。 在阅读素养方面： 1. 初步尝试运用 Reading Circle 的学习方式，训练学生讨论问题、观点分享、迁移自己生活经验的能力，培养学生的阅读素养。 2. 在与同伴分享读物的过程中，体会到阅读的乐趣	在阅读能力层面： 1. 能结合主要人物活动概括故事的主要情节，并借助线索图有序表达。尝试分析并阐述人物性格特征，对比主人公童年和少年时期的情感变化，体会师生情谊。（语言知识） 2. 初步了解 Reading Circle 的学习形式，了解阅读圈中 Discussion Leader, Passage Person 和 Connector 三个角色的名称和任务，体验阅读理解的多种角度，在学习单的指示下，自主完成思考、讨论、分享观点的过程。（阅读理解） 3. 在阅读圈的使用过程中强化阅读策略的使用，如概括、分析、比较等，联系个人的生活经历或者情感，组织语言进行流畅、有逻辑的表达。（解码能力、语言知识、阅读理解） 在阅读品格层面： 1. 掌握阅读分享和交流的基本流程，如遵循任务单的步骤，先自我报告，再与同学分享。（阅读习惯） 2. 在与同伴分享阅读感悟的过程中，选择自己喜欢的内容进行分享，获得阅读的快乐，产生积极的阅读态度，巩固阅读兴趣。（阅读体验）
教学设计目的	培养学生对文本的分析和解读能力	培养学生对文本解读的能力，借助 Reading Circle 的阅读路径，提升学生的阅读能力	从阅读能力和阅读品格方面具体呈现，从而体现学生阅读素养的提升
专家建议	教学目标无法凸显英语的教学特点，建议整本书阅读也要体现英语学科特点，指向英语学科素养的提升，比如语言方面、外语阅读策略方面、围绕图书内容展开的英语表达练习等	"阅读圈"的特点不是很鲜明，小组内部只是分享交流，并没有真正就一个问题展开讨论。建议教学设计只在阅读素养层面进行推敲	从任务单的情况来看，这节课的目标应该是能让学生感受到阅读一本书可以从多角度来深入思考和理解。行为指标也基本与教学目标达成一致。建议在目标中加入人物分析部分

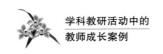

经过三次调整目标，我们能看出目标的设定从最初基于文本的目标到最终培养学生学科素养目标的变化过程（如下图）。

借助Readind Circle的阅读路径，从阅读能力和阅读素养层面具体体现，最终体现学生学科素养的提升。

最终目标

聚焦学生对文本的理解，借助Reading Circle的阅读路径，培养学生的阅读能力。

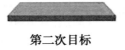

第二次目标

聚焦学生对文本的理解和解读能力。

第一次目标

从教学结果来看，在教学目标这个总方向的引导下，学生最终掌握了故事的大意，并且能够借助人物关系图有序表达；并借助 Reading Circle 的三个角色，多角度体验了阅读过程，提升了阅读理解能力；并在与同伴分享的过程中乐于分享，巩固了学习兴趣，掌握了阅读方法，达到了阅读品格层面的目标。

课后根据专家老师的评课建议——在目标中加入人物分析的部分，我们拟将目标进行再次调整。如下：

> 在本节课学习结束时，学生能够达成如下目标。
> 在阅读能力层面：
> 1. 能结合主要人物 Mowgli 和 Baloo，Bagheera 的活动概括 Chapter 2 的主要情节，并借助 Relationship Map 线索图有序表达。
> 2. 尝试分析并阐述 Mowgli 和 Baloo，Bagheera 的性格特征，对比 Mowgli 童年和少年时期的情感变化，体会他们的师生情谊。
> 3. 通过完成 Reading Circle 中 Discussion Leader（围绕故事内容提出有趣的问题），Passage Person（选择感兴趣的文段并阐述理由）和 Connector（将故事内容与个人生活经验建立联系）三个任务，多种角度体验阅读过程，提升学生的阅读理解能力。
> 4. 掌握 Reading Circle 的分享和交流的基本流程，遵循任务单的步骤，完成个人和小组任务，乐于进行全班展示分享，提升思维、语言及小组合作能力。
> 在阅读品格层面：
> 1. 阅读习惯方面，在 Reading Circle 进行中，多次复读 Chapter 2 的内容，增加阅读的频率，在轻松开放的课堂环境中进行持续默读。
> 2. 阅读体验方面，在与同伴分享阅读感悟的过程中，选择自己喜欢的内容进行分享，获得阅读的快乐，产生积极的阅读态度，巩固阅读兴趣。

在这次磨课的过程中，我得益于课题组团队高屋建瓴的专业指导。经过如此反复的调整和实践，课题组不仅在教学设计上对教师加以指导，还使教师通过撰写案例和论文实现专业成长。

（二）精品项目课题助推个人的科研成长

课题组以推动教师的专业化发展为宗旨，不仅从教学设计上对教师加以指导，还从撰写案例、论文方面促进了教师成长。回首过往，在课题组的教育精神引领下，我个人的科研悄然发生着变化。

原来我就是个简单的"教书匠"，从未想过更不会写案例，写论文。在课题组的要求下，从最初的写心得体会，到后来的写反思、案例，直至写论文，近三年来我几乎完成了以前二十几年从未写过的教育案例。我由最初的"一听写教学反思、教学案例就头疼"到慢慢地"试着写一写"演变成现在的撰写"教学反思""案例介绍"的"老手"。我从惧怕动笔变成开始有意识地去发现和记录教学中、课堂上的点滴事件，我写下的教育日志和教育随笔犹如一颗颗石子，铺就了我通往"专业型教师"的道路。

为了案例、论文的撰写，我开始阅读大量的有关教育教学的文章和著作，并认真完成学习笔记，这些文章与课题组的培训互为补充，相互印证，更加深了我对这些理论的理解。我在揣摩写作特点和写作方法的基础上，用更加先进的理论和专业化的语言提升我的理论水平，这潜移默化地影响着我的教学，自己的思想也在不知不觉中提高了。这些也促使我向着"科研型教师"发展。

本学期我代表英语组完成的一节整本书阅读的课程展示更是我成长的助推器。专家团队的三次指导、自己的数次磨课、科研主任协助下的教学设计的撰写、课后的专业点评、深度的课后反思，使我在整本书章节阅读方面积累了一些经验，开创了章节阅读的先河，率先尝试运用"人物关系图""阅读圈"进行阅读教学。为了使该课程更具推广性，我独立完成整本书的教学设计，并在教学设计后写上自己的教学感受，画上每一章节的人物关系图。这给后面使用教材的教师提供了借鉴依据，也促使我走上了"科研型教师"之路。

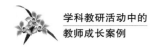
附录：

（1）项目实施大事记

时间	内　　容
2019.4	课例研讨：三年级、六年级展示课及点评
2019.5	专题讲座：陈思雨老师《教学中的文化意识和思维品质培养》
2019.9	精品校联盟 2019-2020 学年第一学期专项工作安排
2019.11	校本研修：个人课题汇报与指导
2019.11	个人研究点交流
2020.11	观看专题讲座视频：教学目标设计 课例视频观摩：王佳《比的认识》
2020.11	观看专题讲座视频：核心素养取向的小学学科学习活动设计第一讲
2020.12	观看专题讲座视频：核心素养取向的小学学科学习活动设计第二讲
2021.1	观看专题讲座视频：教学目标研究的案例撰写
2021.4	集体备课并录制项目展示课视频：高年级整本书阅读实践
2021.5	观看专题讲座视频：教学活动设计 课例视频观摩：马文平《搭配》
2021.5	观看专题讲座视频：课堂组织与教学设计
2021.6	观看专题讲座视频：一线教师如何撰写科研论文 课例视频观摩：赵静文《古诗三首》
2021.11	课例视频观摩：高天《方程的意义》

（2）教师成果列表

①教学案例或教研论文获奖或发表

教师	获奖情况
邱艳蕊	2019 年 1 月，案例《Guide Dog 教学设计》被西城区教育学会授予一等奖
	2019 年 1 月，《我欠他一句对不起》荣获北京市西城区教育学会优秀案例评选三等奖
	2021 年 5 月，《借助目标交流卡的使用，培养小学高年级学生的学习主动性》被北京教育科学研究院基础教育科学研究所授予二等奖
	2021 年 5 月，论文《借助可视化思维工具提升小学生思维品质的英语教学路径研究》被北京市教育研究院基础教育研究所授予一等奖
	2021 年 11 月，《例谈在大单元教学设计中培养学生的爱国情怀》获北京市西城区小学精品校联盟项目优秀论文评选二等奖
	2021 年 11 月，《例谈在大单元教学设计中培养学生的爱国情怀》被北师大精品校课题研究组授予二等奖
	2021 年，《Fishing》获北京市西城区小学精品校联盟项目优秀教学案例评选三等奖

②研究课、展示课、课例获奖

教师	获奖情况
邱艳蕊	2019 年–2020 年，在中古友谊小学展示课例 2 节
	2020 年 9 月，在北京市西城区展示课例 3 节
	2020 年 11 月，在中古友谊小学主办的活动中以"我在微课中成长"为题进行发言
	2021 年 4 月，在北师大西城区小学精品校联盟平台展示课例《The Jungle Book》

（3）专家点评

在本项目中，项目组的指导教师提倡老师们开展反思思维，主要是希望改变以往那种随意的、盲目的、依靠习俗或权威的思维习惯——在中小学教师对专业能力自信心不够的时候，经常会出现这种情况。项目组希望培养一种有依据的、连续的、主动的"科学思维"，并且使这样的反思成为教师与学生思考、解决问题的普遍原则。

正是从这个角度考虑，项目组不断激励老师们开展相应的教学反思活动。项目组认为：教师反思作为一种教师对于教育事件进行理性选择的思维方式和态度，是教师为了改进专业实践而进行的自我检查、自我评价的过程，也是行为主体立足于自我以外的行为、批判地考察自己的行为及其情境的能力，是形成思想、观念、信条的手段和方法。反思是在教师教育实践之外的自我认识和自我检查。

邱艳蕊老师的"反思行为"典型地体现在"（教育实践）行动前的反思"或"行动后的反思"。邱老师带着问题，聆听了"核心素养取向的小学学科学习活动设计"专题讲座，以此为起点，对课前的教案设计进行了重构，尝试将原来注重知识点、语法点、理解与记忆的教学转变为强调知识能力、思维品质、文化意识和学习能力等英语核心素养的教学，最终落实到培养人的任务上。邱老师在听完郭华教授的"深度学习及其意义"的讲座后，基于深度学习的特点，围绕讲座中有关挑战性的学习主题，全身心参与、体验成功，并将此作为自己教学设计的目标，尝试剖析学生学习的特点，以此来建立有意义的学习过程。

邱老师的"反思行为"也体现在"回顾性"的反思上，即邱艳蕊老师将自己的教育教学实践变为一个可以客观认识的对象的过程，是在教育发生之后回过头来分析、总结自己的教育行为、教学策略的过程。

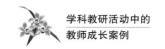
邱老师以 Trip 一课为例。这是邱老师上过的一节六年级的课，但其内容在四年级和五年级也有涉及。在项目学习的过程中，邱老师没有简单地完成六年级这一课的教学，而是把四年级、五年级的课本找来，并和这两个年级的任课老师共同研讨这三个年级的进阶点和侧重点。邱老师发现四年级侧重了解谈论旅行应该从哪些方面去考虑（Who，When，Where），而五年级侧重当选择一个地方旅行时需要考虑哪些因素、做哪些准备等。与之相比，六年级的侧重点是如何描述在旅行中的一次意外或者特殊经历（accident）。在课后的反思中，邱老师重新对教学内容进行了分析，确定了这节课的教学内容和重难点：

（1）能够阅读理解有关天气的文章；

（2）能够用形容词的最高级描述旅行；

（3）能够用过去进行时+when+一般过去时从句描述突然发生的情况；

（4）在单元结束时能够讲述自己旅行中的一次特殊经历。

经过这样的课后反思，邱老师在教学设计上取得了突破："教"是为了"不教"，即教学不仅仅是教语言、语法知识，更是帮助学生掌握学习策略，提升学生的思维能力等。邱老师将这些原本属于"语言点""知识点"的重复学习，转化为通过阅读和倾听同学们的旅行经历，鼓励学生们表达自己的看法，同时进行点评（comments），以此培养学生们的批判性思维。

从上述案例中可以看到，邱艳蕊老师的"反思意识"在项目学习中得到了加强。"反思"是教师对自身意识的一种自觉和敏感。反思作为一种意识，已不再是发生在教育实践之外的，而是始终伴随着教师的教育实践。教师的反思意识越强烈，教师的教育意识就越清醒，教师的教育实践就越具有自觉性、主动性。这样的反思意识使得邱老师在日常的教学工作中，在教师与学生的互动交往中，能敏感地建立教育情境中的意义联系，能及时地觉察到富有教育意义的时机，因此教师也更具有教育的敏感性。正如她所说的：

原来我就是个简单的"教书匠"，从未想过更不会写案例，写论文。在课题组的要求下，从最初的写心得体会，到后来的写反思、案例，直至写论文，近三年来我几乎完成了以前二十几年从未写过的教育案例。我由最初的"一听写教学反思、教学案例就头疼"到慢慢地"试着写一写"演变成现在的撰写"教学反思""案例介绍"的"老手"。我从惧怕动笔变成开始有意识地去发现和记录教学中、课堂上的点滴事件，我写下的教育日志和教育随笔犹如一颗颗石子，铺就了我通往"专业型教师"的道路。

教师的反思意识使得教师总是处于一种积极、主动的意识状态，教师总是具有一种教育的意向和期待。具有反思意识的教师随时都有捕捉到教育机会的可能，随时都有构建教育情境与教育意识之间意义联系的可能。邱艳蕊老师之所以形成了教育的敏感性，就在于项目讲座、培训、研讨和备课工作的推进，使得邱老师主动地把握教育的时机，产生教学的智慧，将每次与学生的交往变成了教育的机会。

教师反思作为一种有预期的意识指向，虽然教育发生的具体细节、具体过程并不是被事先规定的，但是这并不意味着不可以事先筹划。教育总是有追求的，这使得教育总是不断有新的可能性、创造性，在这一过程中恰恰展现着人所特有的主体能动性、自由的创造性。但是，反思作为一种意识不是神秘的、不可知的。事先不被规定的、不能明确定义的存在，并不代表是一种空洞或虚无。实际上，反思作为一种意识，像雷达一般，总是敏锐地感觉着四周，一旦与其期待的情境相遇，所有的背景、视域都会生动起来，意识马上就能与当下的生活经验或具体内容建立起意义联系。当教师对教育、对学生、对所教学科都充满无限的热情和真心的喜爱，对所教学科的教育意义都有深刻的理解时，教师的教育意识就会更加自觉、敏锐，在教育实践中就更能把握教育机会，恰当地启发、引导学生。正如邱老师所言：

"每次培训完成后，我都会认真写心得体会，写下自己的收获、思考及感受。这是自己进行再消化的过程，也培养了我随时记录教学日志和教学心得的习惯，这也为我进行教学案例的撰写埋下了种子。"

这"种子"就是反思意识，与反思行为并不是截然对立或并列平行的。二者的根本联系在于，具有本原性意义的是反思意识，恰恰是反思意识支配、指引着邱艳蕊老师反思行为的发生。只有教师真正具有了反思意识，才有可能自觉地、有意识地产生反思行为，这样的反思行为才不仅仅是被动的、受挫之后的自我检讨、自我反省，或是为了应付检查需要的一种表面形式。只有具有反思意识的反思行为才真正能够促进教师的专业发展。同时，反思行为对于邱老师的专业发展的重要意义在于，反思行为能增强教师的反思意识，提高教师的意识品质，激发教师对教育意义的敏锐性和促成实践智慧的生成。正如范梅南所说："我的智慧的行为并不是魔术般地发生的，它们依据的是我在回忆性的反思中所能够获得的智慧。"这也正是我们在通常意义上强调教师反思对教师的专业发展有着积极作用的根本道理之所在：教师的反思行为能够激发教师的反思意识，从而有效地改进教师的教育教学实践。

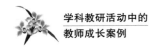

如果仅仅从日常含义上理解反思，将反思看作一种"反思行为"，那么"在实践中反思"永远只能是一个悖论。但是，当我们将反思理解为一种"反思意识"时，教师反思并非对实践的事后把握，而是一种有预期的意识指向，反思意识总是能够伴随、激发和指引着教师的教育教学实践。正是这种主动的、积极的、带着自身追求的反思意识，使得像邱艳蕊这样的优秀教师在独特、具体的教育情境中，表现出一种对教育机会的敏锐和自觉。

第四章

厂桥小学王佳个人
成长案例

北京市西城区厂桥小学始建于 1904 年，至今已有 118 年的历史，被北京市命名为百年学校。学校于 2004 年与北海小学合并，又于 2014 年与护国寺小学合并，几经区域调整，学校规模扩大，开始两址办学，目前有 35 个教学班，1295 名学生，100 名教职工。学校在 2014 年成为西城区优质学校，2016 年被评为"北京市学校文化示范校"，2017 年加入西城区小学精品学校联盟，2019 年被评为"北京市义务教育学校管理标准达标校"。

区教委组织 9 所精品校组建起精品校联盟，引领学校教师队伍的专业发展。学校确定"以骨干教师及青年教师参与研修为主，辐射带动全校教师的专业发展"的目标，从政策、资源配备等各个方面给予保障。参与项目的教师包括厂桥小学的优秀骨干教师及优秀青年教师。他们来自学校的各个学科，共计 22 人。其中市级学科骨干教师 1 人，区级学科带头人 5 人，区级骨干教师 10 人，非骨干青年教师 6 人。

一、入项前的自我分析

我认为教师是一个永远年轻的职业，因为要时刻做新时代学子的引路人，肚子里的"墨水"必不可少。而作为非教育学数学系出身的我，肚子里确实"墨水"匮乏，每天都在想方设法查阅资料，学习教育教学理论方法，汲取充足的理论知识以武装头脑。在参加精品联盟校项目之前，我刚刚敲开了教师行业的大门，还有更多的东西需要我去探索和学习。

二、项目中的经历与反思

(一) 专家引领，启思践行

精品联盟校项目开展了大量的讲座培训，教授了重要的教育教学理论，大大丰

富了我的理论知识，引发了我对日常教学的思考，提升了个人的专业素养。

1. "深度学习"与"和合悟悦"课堂文化

在第一年的集体培训中，"深度学习"这个词语吸引了我。深度学习是在教师的引领下，学生围绕着具有挑战性的学习主题，全身心积极参与、体验成功、获得发展的有意义的学习过程。在这个过程中，学生掌握知识的本质，经历学习的全过程，把握思想方法，形成积极的内在学习动机以及高级的社会性情感，树立正确的价值观。

如何让学生进行"深度学习"？这引发了我的深思。在与我校精品联盟校成员交流之后，我发现"深度学习"与学校正在研究的"和合悟悦"课堂文化不谋而合。"和合悟悦"课堂文化是指在和谐的课堂氛围下，通过关注师生、生生的合力，实现学生的感悟、体验、实践的自主学习过程，旨在构建人本、生态课堂。对"深度学习"理论的学习加深了我对"和合悟悦"课堂文化的理解和体悟。

2. 对"真问题"的新认识

深度学习是真实问题情景下的真实学习，"真问题"的设计对学生实现有意义的学习至关重要。借助刘京莉教授为我们提供的文献资源，我首次对"真问题"有了理论性的认识。

真问题可以引导学生突破教学重难点，引发学生进行层层深入的思考探究，不断提升学生的认知，有效促进教学。不断的理论学习，也让我反思日常教学。为什么我在课上提出问题后学生们不知道如何回答？为什么在让学生开展课堂活动时，学生的课堂生成与我的预想截然不同？我觉得这些都与"真问题"息息相关。

近一年来，通过观摩公开课、研究课，聆听刘京莉教授的评课指导，参与教研以及反思日常教学，我在教学实践中愈发关注"真问题"，关注"问题串"，感悟到如何设计"真问题"才能让课堂教学更加高效。

我在《借助精准真问题，攻克教学重难点》教学案例中写道：

"在教学设计中要明确每个环节的教学目标，问题要紧密围绕着教学目标来提出。尤其是在知识形成过程的'关键点'上，在运用数学思维方法产生解决问题策略的'关节点'上，在数学知识之间联系的'联结点'上，在学生思维的'最近发展区'内，都可以设计'问题串'作为教学的线索，攻克教学重点和难点，提升学生的思维能力。

"教师应提出恰当的、对学生数学思维有适度启发的问题，设计能够引导学生思考和探索的活动。同时教师也应该注意学生的'即时问题'，这些问题反映了学生对于所学内容的理解。教师要通过挖掘学生学习中存在的问题，采取追问的方式，促使学生不断地探究问题，达到暴露学生思维过程的目的，从而使我们的教学更加有的放矢，使学生的思维参与度得到实质性的提高。有人说，问题是有效探究的前提。那么我想说，真问题就是攻克教学重难点的关键。"

我想，学生在学习活动中能够实现自悟自得，真正成为学习的主体，这才是学习的本质。教师精准的设问，是学生有效"悟"的前提，以"问"引思，方"悟"得本质。这难道不也正是让学生进行"深度学习"的关键吗！

3. 教学目标设计

2020 年 10 月，我获得了一次展示我们学校教研成果以及我的教学能力的机会，由我呈现《比的意义》一课。在专家的引领下，我们以"聚焦教学目标，提升教学实效"为研究专题，开展理论学习与集体教研。

在理论学习上，我有幸聆听了易进教授的"教学目标设计"线上讲座。易教授从教学目标的作用、教学目标设计的问题、教学目标表述和如何恰当确立教学目标四个方面，结合案例阐述教学目标设计。在专家的引领下，以及在与成员讨论后，我打破了对原有教学目标的认识，意识到教学目标能够明确教学内容和学习结果，为教学环节和活动设置指明了方向，并为评价教学效果提供了参考标准。教学目标应该是可检测的目标，是以学生为主体的目标。恰当确立教学目标应该研读课程标准，把握学科课程内容和学段要求，符合学生的学科知识基础和学习规律，把握目标与手段、过程的联系和区别。教学目标的意义不只是存在于教案之上，而应该让教学目标"活"起来，真正让教学目标引领教学环节，使教师明确如何落实学生所得。此次讲座给我设计教学目标带来很大启发。

我历经六次集体教研，每一次都受益匪浅。在第一次交流讨论中，林院长、易教授、刘教授对目标的制定做了引领性的指导，加深了我对教学目标以及课题研究的重视程度。在第二、三次组内交流中，精品联盟校的成员们纷纷对教学内容进行了解读，分享自己的教学思路，使我得以进一步深挖教材，明确知识间的内在联系，深化对知识本质的理解，同时使在本节课采取的教学方法更加多元化，对教学活动环节也有了更多的设想。正是这种集体备课的方式，让我对教学内容理解得更加深刻，不断审视教学目标是否合理，思考如何落实教学目标，为试讲奠定了基础。之后历经多次试讲研讨，在刘教授的指导下，我们通过初步讨论得出"目标层次化"的呈现模式，进一步细化教学目标，并根据试讲效果评价目标的达成度，不断完善

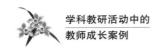
教学目标和教学环节。这也是我们第一次教学目标创新的呈现形式。在实践过程中，我感受到"目标层次化"能够让教师明晰每个教学环节的目标，并在课堂上有效落实阶段性目标，提升教学实效。在最近一次教研活动中，在刘教授的启发下，我们进一步探索教学目标的特色化，将其融入我校的课堂文化。

本次专题研究不仅让我对《比的意义》这节课的教学内容理解得更加深入，对"比的意义"的本质更加明确，也让我打破了固有的设计教学目标的思路。我认为整个教学过程，就是"目标—活动—评价"的循环过程。教学目标是教学活动的思想主线，教学目标层次化有助于教学活动的有效落实，教学评价能够让教师明确教学效果与目标要求之间的差距，反作用于教学目标及教学活动，为下一步教学指明方向，所以教学目标既是一节课的开始又是一节课的结束。

在日常教学中，教师应聚焦教学目标，引领高效的课堂教学活动，提高课堂教学质量。与此同时，学校打造独特的课堂文化，并将课堂文化融入教学目标中，使教师逐步从文化认同向文化自觉发展，使每一节常态课都能体现和谐的课堂氛围、立德树人的教育价值，使课堂教学的改革内涵化、全员化、常态化，提升全学校的课堂实效。

通过专题教研，我真正感受到了以学促研、以研促教、教学相长。亲历专题教研全过程使我能更加聚焦问题，带着问题去研究，带着问题去实践，带着问题去总结。这样的研究方式更加具有研究的味道，也更加有效。在学以致用的过程中，我对熟悉教材、把握教材，对教学内容更加得心应手。在教学的过程中，我更能结合学情设计符合学生特点的教学环节，对学生的课堂生成处理得更加灵活，也更能准确把握学生学习中的问题所在，及时针对学生存在的问题落实教学目标，有效保证学生在每一节课的实际获得。

（二）交流研讨，教学相长

回首两年时光，交流研讨是我们精品联盟校成员的常态，这样的场景可能出现在楼道、办公室、微信等地方。在第一年围绕"真问题"的专题研究中，我参与了校精品联盟校 6 位青年教师的研究课备课全过程，并认真聆听了他们的研究课，这一段经历让我收获颇丰。

通过参与一、二、三、五年级的研究课全过程，我熟悉了课标，更加全面、深刻地把握了小学数学教材，明确了知识体系及知识点间的内在联系，掌握了知识的本质。同时，我也了解了不同年级学生的学情，以及教学方法和策略。更重要的是，我在教研中学习教师们的研究精神，在听课中学习教师们的经验，在评课中学习教师们的反思，以及对教学内容的再认识、再研究。

比如汪俊老师的《长、正方形周长计算练习课》、李丹老师的《烙饼问题》，这两节课教学内容不同、设问不同，但两位老师的"真问题"都用在突破教学的重难点以及激发学生探究兴趣的部分，而且巧妙地利用了问题串来推进教学。我认为这样的"真问题"其实也适用于每一节常规课程，甚至不同年龄层次的学生，比如针对第一学段的学生设问应该较为简洁、直观明了，针对第二学段的学生设问可以较长或者较为复杂以引发学生的深度思考，这样的设问才是面向全体学生的。

再比如程媛老师的《一图四式》和吴岩老师的《乘加乘减》这两节课，两位老师同样在课堂主要探究环节中运用了大量的问题串，比如"观察这四个算式，藏着什么秘密？""除了7还有什么？""这三个数字在图中的哪儿？""除了三个数字，你还有什么发现？"这样的问题串明确且非常具有针对性，有利于引导学生挖掘更加深入的知识。而且由于学生年龄较小，语言重复性比较强，两位教师适当用不同的语言形式表达同样的问题，巧妙地增加了设问的有效性。

（三）案例撰写，总结反思

从入职以来，我就养成了撰写教学反思的习惯，但很少去撰写教学案例或教学论文，只是因为不知道教学案例或教学论文该如何撰写。在精品联盟校项目中，2019年10月刘教授在我校开展了"如何撰写教学案例及教学论文"的讲座，并为每一位教师的教学案例进行了指导与修改。这也是我首次全面清晰地了解了教学案例和教学论文的撰写方法，这次讲座打开了我撰写教学案例的大门。

在这一次的指导中，我小试牛刀，撰写了题目为《迁移算理算法，悟一般乘法笔算算法》的教学案例。在此次教学案例的撰写与修改中，我明确了教学案例的结构要求，以及每一部分应该撰写的内容是什么。尤其是在教学过程的撰写中，不要将课程实录丝毫不差地进行罗列，而是可以选择重要的片段进行提炼、呈现，清晰简洁地让读者感受到作者想表达的教学方法和策略。同时案例主题和案例反思，应该是理性的思考，尤其是案例主题应该是这篇教学案例的灵魂、精髓和支脉，所以应该明确地告诉读者，这篇教学案例的意义与价值。同时案例反思应该是对教学实践的再认识、再思考。

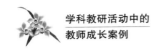
有了这一次的经验，在第一年的精品联盟校教学案例征集活动中，我踊跃参与，撰写了第二篇题为《借助精准真问题，攻克教学重难点》的教学案例，这也是我第一年课题教研的研究成果。此篇文章在精品联盟校案例评选中获得二等奖。在这篇教学案例中，我阐述了对"真问题"的理解与思考、实践与反思。撰写的过程，也是我对自己研究成果的总结与反思的过程，这让我在实践中自觉调整教与学的行为，提高课堂教学的效能。

第三篇是题为《聚焦教学目标，提升教学实效》的教学案例，是第二年课题教研的研究成果。此篇文章在精品联盟校案例评选中获得一等奖。这一次对于教学案例的撰写可以说是得心应手，我把"教学目标层次化"创新的呈现模式研究经验分享给其他教师，助力共同成长。同时，我也深刻感受到教学目标引领着课堂教学，教学目标设计是教师专业化发展的重要抓手。教学目标是数学课堂教学活动一以贯之的思想主线，对课堂教学质量影响深远。所以借助这篇教学案例，我进行了反思：常规课教学应努力提高制定教学目标的水准，聚焦教学目标，引领高效的课堂教学活动并提高课堂教学质量。

2021年6月周序老师在线上进行了"一线老师如何撰写科研论文"的讲座，这次讲座让我对教学案例、科研论文的撰写更加有方法、有策略、有信心。这两位老师精彩的讲座，详细地结合具体案例，解读了如何思考和撰写案例与论文，激发了我对教学案例及论文撰写的兴趣，使我更加明确教学案例及论文是对教学的总结与反思，是教学研究的一种手段，这有助于教学思想与方法的交流，推动教学质量的提高，也助力我向"科研型"教师迈进！

在两年的精品联盟校项目中，三篇教学案例见证了我的成长，也让我从稚嫩逐渐蜕变为成熟。

三、项目后的成长与收获

（一）专业水平提升

专题教研加强了我的"研究意识"。我深切地感受到"研究"的重要意义，对教学中的问题要"真研究"，要去研究"真问题"，带着问题去研究，带着问题去实践，带着问题去总结。同时在项目开展期间，在多位专家的理论培训与实践指导下，在与学习共同体成员的互动交流、思维碰撞中，我的教学能力和反思能力大大增强，我的课堂教学质量以及个人专业水平也得到了进一步提升。我对小学数学教学研究有了进一步的思考，这为我未来的专业发展奠定了良好的基础，为成长为一名专业型、学习型的教师注入动力！

（二）实现角色转变，明确自我发展目标

从懵懂无知的新教师，蜕变为会思考、有温度的青年教师，我的成长离不开精品联盟校项目平台与学校的培养、专家的引领、前辈的指导和同伴的帮助。通过两年的课题研究，我对教师这一职业有了更深刻的感悟，对学校"和合悟悦"课堂文化也有了更加深刻的认识。精品联盟校项目像是一座灯塔，为我指明方向，带我走出教学上的迷茫，让我更加有热情、有方法、有方向地去探究教学的无边世界，可以说这个项目是我的"引路人"。而作为学生的"引路人"，我也会继续努力，立德修身，提升思想道德情操，丰富学识，锤炼专业技能，用爱与坚持引领学生点亮自己的人生，探索知识的海洋！项目的结束不意味着学习的结束，学习无止境，我会继续向成为"学习型""科研型""创新型"教师稳步前进！

附录：

（1）参与项目大记事

2019.5 刘京莉教授首次到校指导我校"打造'和合悟悦'课堂文化 落实'立德树人'根本任务的策略研究"的课题

2019.5 刘京莉教授到校听评课"畅想杯"，精品联盟组骨干教师成员做课

2019.8 第一次假期项目集中培训

2019.10 刘京莉教授到校开展"如何撰写教学案例及教学论文"的讲座，并指导教师修改案例

2019.10 精品联盟组骨干教师成员自学"真问题"相关文献

2019.11—12 精品联盟组骨干教师成员校内开展听评课活动，借助课例研究"真问题"

2020.2 2019 年一年项目访谈

2020.3 精品联盟校项目教学案例及教学论文评选

2020.4 第二次项目集中培训（线上）

2020.10.15 林院长、易教授、刘教授、学校骨干组全体人员初次讨论《比的意义》一课的教学目标的制定的科学性

2020.10.16 精品联盟组骨干成员讨论本节课的教学目标的制定

2020.10.19 精品联盟组骨干成员讨论本节课的教学设计

2020.10.21 精品联盟组骨干成员参加第一次试讲听评课

2020.10.22 刘京莉教授、精品联盟组成员参加第二次试讲听评课

2020.10.29 刘京莉教授、精品联盟组成员完成上课、说课、现场讨论录制

2020.11 精品联盟组骨干教师成员线上学习易教授的讲座

2020.11 精品联盟组骨干教师成员设计一节课的教学目标

2021.3 精品联盟校项目教学案例及教学论文评选

2021.6 线上学习周序老师"一线老师如何撰写科研论文"讲座

2021.10 线上学习刘京莉教授"首要教学原理"讲座

2021.11 线上学习三里河第三小学高天老师《方程的意义》课例

（2）教学成果及获奖列表

承担《比的意义》公开课

教学案例《借助精准真问题，攻克教学重难点》获二等奖

教学案例《聚焦教学目标，提升教学实效》获一等奖

（3）专家点评

在传统的教师发展模式或培训模式中，人们普遍认为，教师通过接受来自大学的教育学术研究者提供的、可以普遍化和客观化的教育学理论知识就可以实现自身的专业成长。

由于学术研究者本身置身于课堂生活之外，其传递的知识是去情境化的，这就需要教师回到课堂生活中实践，以应付复杂多变的课堂情境。同时，基于每位教师的个人独特性，教师在项目组织的各类讲座和主题交流中不断将理论知识与具体的教育情境相联系，进而逐渐探索出教师个体切身发展困境的破解之道，从而促进教师的专业成长。

从厂桥小学王佳老师的叙述中，可以看到真正有助于促进教师专业能力提升的是教师个人的实践性知识与高校研究者知识系统的连接。王佳老师通过项目实施过程中的学习，将教学实践经验中所获得的知识与专家的知识紧密结合了起来，包括"如何做事，何时何地做这些事情"这些认知性的技能，以及"如何看待和诠释与教学行为相关的事件"这些价值观念的问题。从中可以发现：王佳老师在项目学习后，通过反思形成的新的教学实践探索，以及形成的知识不纯粹是"培训的知识"，它实际上是王老师具体化的教学技能和抽象化的教学理念的融合，是教师在日常教学实践中积淀而成的实践智慧的结晶。因此，在王老师的个体反思中，她正是通过对个体教育专业经历的叙述与反思，生成对自身专业发展的意义表达，促进教师对专业价值、身份与角色的意义建构。

通过教学反思来开展研究，就可以根据王佳老师的体验使得教育冲突和教育矛盾得到自然彰显，完成教育经验的重组和教育意义的发现，从而能够最为直接地通达实践性知识，助推自身专业成长。

教育叙事研究有助于教师形成实践共同体。阅读王佳老师的教育故事不仅能够让教师读者反思自己相似的教育经历，也让他们了解到其实自己并不是一个人在"战斗"，原来一直困扰自己的教育难题也同样发生在其他老师身上。

例如王佳老师说：

（我）意识到教学目标能够明确教学内容和学习结果，为教学环节和活动设置指明了方向，并为评价教学效果提供了参考标准。教学目标应该是可检测的目标，是以学生为主体的目标。恰当确立教学目标应该研读课程标准，把握学科课程内容和学段要求，符合学生的学科知识基础和学习规律，把握目标与手段、过程的联系和区别。教学目标的意义不只是存在于教案之上，而应该让教学目标"活"起来，真正让教学目标引领教学环节，使教师明确如何落实学生所得。此次讲座给我设计教学目标带来很大启发。

王老师的课后反思很好地提供了一个反思角度。她将备课中的实践与培训中提供的参考有机地结合在一起。这种反思不仅能被教师读者所理解，还能被教师读者赋予新的教育价值。在教育实践中，每个人都有着自己的期望，都有一个进入教育实践的方式，也都有关于教学应当如何展开和生成的总的教学构想。但是在教学实践中，有的教师常常因为各种原因，不能将专业发展过程中的成长与自己的教学实践相结合。通过对教学过程的反思，其他教师读者就能够对该教师的反思进行经验重构和意义重构。

王佳老师的教学反思直接从日常熟悉的教育经验和原汁原味的教育生活入手，来进行自我审视，得以实现专业成长。在本个案中，我们注意到，王佳老师始终重视相关理论知识的学习。

王佳老师这样写道：

在教学设计中要明确每个环节的教学目标，问题要紧密围绕着教学目标来提出。

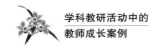

学科教研活动中的教师成长案例

尤其是在知识形成过程的"关键点"上，在运用数学思维方法产生解决问题策略的"关节点"上，在数学知识之间联系的"联结点"上，在学生思维的"最近发展区"内，都可以设计"问题串"作为教学的线索，攻克教学重点和难点，提升学生的思维能力。

正是通过教学反思，王老师在项目培训后，开阔了学科视野，促进了自身专业能力的提升。我们可以看到王佳老师通过不断学习，在润物无声中完成着对人类心灵的触动、教育意义的生发和教育功能的实现。

不同主体经验交相辉映、显示复杂教育事实的教师反思，是在对教育现场中复杂教育事实的呈现中展开的，因此，需要通过对隐秘的教育细节以及错综复杂的教育关系的展现来呈现复杂的教育事实。例如，王佳老师写道：

"通过专题教研，我真正感受到了以学促研、以研促教、教学相长。亲历专题教研全过程使我能更加聚焦问题，带着问题去研究，带着问题去实践，带着问题去总结。这样的研究方式更加具有研究的味道，也更加有效。在学以致用的过程中，我对熟悉教材、把握教材，对教学内容更加得心应手。在教学的过程中，我更能结合学情设计符合学生特点的教学环节，对学生的课堂生成处理得更加灵活，也更能准确把握学生学习中的问题所在，及时针对学生存在的问题落实教学目标，有效保证学生在每一节课的实际获得。"

显然，王佳老师除对教育场景进行细致观察外，还敏锐地捕捉到教育过程中自身和受教育者内心的教育体验。王老师并非停留在对教学过程简单化的叙述上，还对具有教育价值的细节进行了细致刻画和深度描写，使教育场景中自身和受教育者的内心情感体验通过故事性的描写自动彰显出来，并在第一时间引起读者的情感共鸣。

教师教学反思的意义就在于并非提供严格的因果解释，而是实现教育经验的交流和教育意义的分享。当前很多教师的教学反思往往是一步完成的，这很难激发他人对相关教学问题的思考和对教育意义的追寻。因此，教师对教学故事的意义诠释应该坚持多义性和开放性的原则，为他人走进自身的教育生活打开无限可能性，从而在深刻理解中实现经验交流和意义共享，通过促进教师共同体的形成最终实现自身专业的成长。

第五章

康乐里小学田路
个人成长案例

康乐里小学位于北京市中心，天安门广场向西两公里处，是一所公立小学，成立于1950年。学校拥有一流的教育教学设施和较高水平的教师队伍，坚持"以人为本、和谐发展、开放办学、科研兴校"的办学理念。学校全面贯彻教育方针，积极探索"以人为本、开放办学"的发展目标，具有独特的教学特色和教学风格，以及良好的校风。

一、入项前的自我分析

本人于2005年7月参加工作，本科学历，38岁，工作16年。担任数学教学工作16年、教研组长7年。在工作中，我努力把干好本职工作和提升自身素质统一起来，特别是成为教研组长以来，不断适应新形势下的新工作，力争使自己成为具备较高水平的教研组引领者、合作者和传递者，更好地参与到学校的教育教学改革中来。同时，努力让自己成为一名拥有扎实的知识功底、过硬的教学能力、勤勉的工作态度、科学的教育方法的人民教师。2017年和2020年均被评为西城区教育系统优秀教师。

我坚持学习专业理论知识，积极参与区教学研究活动，组织学段、年级教师开展有效的教研活动，进一步促进教师对课堂教学进行更深入的学习、研讨，建设可持续发展的教研组团队。近三年，在参加北师大课程与教学研究院和西城区组织的精品校联盟项目组的教学研究活动的同时，有幸成为人民教育出版社课程教材研究所"十三五"课题组成员，并组织校内青年教师一起参与研究。期间，线上线下的培训学习，与专家一起听课交流，开展课题研讨等一系列活动，促使我积极反思、总结，不断调整、提高自身的教育教学及工作管理能力。有论文和教学案例等荣获市、区级奖项。

作为教研组长和骨干教师，我积极发挥示范引领作用，多次在区、校做研究课、

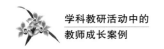

经验分享。我曾到河北省阜平县半沟小学和王林口中心小学开展支教工作，也曾指导校内青年教师参与市、区级课堂教学展示、交流活动以及各类评选，均取得了较好的成绩。2021 年 3 月我荣幸地成为李惠玲名师工作室的一员。"独行快，众行远"，在李老师的专业引领下，我与来自不同学校的老师以课题研究为主线，以课堂教学为载体，以发挥辐射作用为契机，以集中研究与自主研学为主要学习方式，与专家、同伴和自我对话，努力实现"专业引领、互学共进、同伴互助、共同成长"的目标。

二、项目中的经历与成长

2019 年 2 月在学校领导的推荐下，我有幸与其他五位数学老师共同参加了北师大课程与教学研究院和西城区组织的精品校联盟项目教学研究活动。由北京师范大学教育学部课程与教学研究院的专家团队指导我校对数学学科教师的培养。在这个研究活动中，成员包含了不同学校的语、数、英三个学科的专家团队和老师，所有学校的交流活动都对联盟成员校开放，这样更便于我们进行跨校和学科间的交流。

作为学校此项研究活动的教师牵头人，我和负责的领导一同制订了活动计划，结合老师们的具体情况明确活动目标，也进一步明确自身的努力方向，并在近两年半的研究活动中，认真参与学习，大胆实践，及时反思、梳理总结，努力提高。

（一）潜心带题研究，提高自身科研意识和教科研能力

对一线教师而言，科研课题的来源主要是我们在教育教学实践中急需解决的问题、有实用价值的课题。于是可结合学校的数学教学工作，我和几位老师以微课题《几何画板在小学"图形与几何"领域的课堂实效性研究》为主线，通过带题研究，进一步提高自身的教科研能力，努力实现以科研促教研。我和老师们一起梳理了小学阶段"图形与几何"领域的知识系统，初步制定了相关的教学方法和策略，与北师大的刘京莉教授进行交流、汇报，刘教授为我们的研究方向提出了改进的意见和建议，使我们能够及时反思、调整，在一定的理论高度上审视自己的研究的意义和价值。为更好地开展研究，我再一次认真学习了关于几何画板软件的基本使用、制作方法。通过相关理论学习、教师专业操作指导等一系列活动，我进一步认识到，合理运用几何画板进行教学，通过专业化的绘图软件，创设数形结合的教学情境，动态化展示图形位置关系、运动变化规律，以及利用鼠标拖拽、放大、旋转等变化，

给学生创建一个生动、灵活的数学课堂，非常有利于学生主动地进行观察、猜测、交流、验证、推理等自主探究的数学活动，为学生理解数学问题的本质奠定了基础，有助于培养学生的几何直观、想象、逻辑推理等核心素养。

在有了一定的学习基础后，我便聚焦课堂大胆实践。结合五年级第二学期学习长、正方体表面积计算设计了一节练习课《包装中的学问》。在帮助学生进一步巩固长、正方体表面积计算的同时，使学生感受到生活实际问题中蕴含着数学知识，培养学生灵活运用知识解决问题的能力，借助几何画板发展学生的空间观念。在本节课的教学中，我充分利用多媒体课件，帮助学生建立空间观念。几何画板的运用有效地突破了教学的难点，使学生辩证地观察多个同样的长方体叠放在一起时，要使包装后的表面积最小，就要观察是否产生新的"最大面"，只有每次重叠的都是最大的面，才能保证重叠面积最大、包装后的表面积最小。借助直观的动画演示，进一步有效地帮助学生观察、深入理解，总结出"表面积最小的策略"，提高了课堂教学的实效性。本节课也在北京市小学电化教育专业委员会"三优"评选活动中荣获一等奖，在西城区主办的中小学师生电脑作品大赛中荣获课例一等奖，相关的多媒体课件也荣获市、区级奖项。

同时，结合课题我还进行了《三角形的内角和》《扇形的初步认识》等课的研究、实践。其中，《三角形的内角和》一课，我充分利用了几何画板具有的两个特色功能，即"拖动"和"测量"。"拖动"能让图形"动"起来，"测量"能反映图形变化中的数量特征，它们能帮助学生建立形与数的联系，体现数学学习的科学性、严谨性，培养学生的推理能力。几何画板的演示可以提供更加充分的证据来验证，促使学生较深刻地理解、感受图形中的变与不变，提升了认知水平。在练习环节结合学生说理用几何画板进行演示，清晰呈现出"转化"过程，增强了学生对图形的感性和直观的认识，逐步积累数学经验，培养其直观想象能力。《扇形的初步认识》一课，对于学生来说，认识扇形很简单，但是在认识扇形的基础上进一步感受、发现扇形与圆心角之间的联系，即扇形与圆的关系还是有难度的。所以，我借助几何画板的直观演示和分析帮助学生发现扇形的大小与圆心角的大小紧密相关，也与所在圆的半径大小有关，感受扇形与圆的关系，认识到扇形实际上就是圆的一部分，从而突破教学重难点。在大胆实践的同时我及时梳理，总结，撰写课例，自制微课，积极参与市、区级评选活动。我主讲的小学数学几何画板应用案例赏析《三角形的内角和》网络课程的视频还由教育部远程培训项目录用发表在其教学参考书配套光

盘上。

通过课堂教学实践、专家指导、与老师们的交流，我进一步反思自身的教学，结合课题研究积极撰写论文、教学案例。在此期间，北师大刘京莉教授结合大家提交的案例和论文开展了专题讲座并给予细致的指导，为提升老师们的写作水平助力。刘教授深入浅出地为我们分析了论文与案例的特点与区别。这使我认识到，论文要以说理为目的，以议论为主，是为理论找事例，是从抽象到具体的演绎思维；而案例则是以记录为目的，以叙述为主，是为事件找理论，是从具体到抽象的归纳思维，是对已经发生事实的追述与思考，可以描述教学事件的全过程，也可以着重说明某个情境片段，重在反思。在与刘教授的交流中，我进一步明确了自身撰写论文和教学案例中存在的问题，结合问题进行了修改，并积极参与课题研究阶段成果评比，撰写的论文《巧用几何画板提高课堂教学时效性》《用几何画板探究、猜想与验证》《几何画板助力培养学生数学核心素养》均荣获市、区级奖项。

（二）积极参与学习，提高自身理论水平和实践能力

在精品校联盟项目组研究活动课中，除了专家团队的下校指导，项目组还结合老师们在教育教学中的困惑和最前沿的教育教学理论开展了线下、线上的集中学习和培训活动，这有益于提升一线教师的理论水平，更好地指导我们开展教学实践活动。

2019 年 8 月，我在京师附小首次参与了集中线下培训活动。在两天的培训中，专家们以鲜活的实例和丰富的知识内涵及精湛的理论阐述，使我的教育教学观念得到进一步更新，也引导我反思以往工作中的问题。郭华教授的讲座中提及"如果没有学生的'学'，教师还能不能称为'教'"。以往我们总会认为如果学生不学导致学不会，这跟我的教是没有关系的，所以当听到这个观点的时候，我开始反思自身的教学：教学中自己担任什么角色。卢立涛教授幽默风趣的"脱口秀"，引导我们如何基于学生的发展，在行动中成为科研型的教师，让我深刻地理解"只有当研究真正成为教师自身的要求，并融入其生活的时候，研究才能具有生命力"。这激励我努力将日常教学工作和教学研究与自身的专业成长融为一体，形成在研究状态下工作的职业生活方式，"头疼"的科研其实并不是一件难事儿，在于"有心"和"行动"。曾琦教授讲道，一个优秀的教师要能够根据学习任务适当、有效地调控学生的动机水平，促进学生"有心向学"，基础当然是建立良好的师生关系，在情感

上打动学生！这种线下互动学习，新理念、新方法、新思考，引领我站在更高的角度以更宽阔的视野去看待教育教学工作，将理论、实践、反思相结合，努力提高自身素质和教育教学水平。

由于疫情，后一阶段的集中培训、听课研讨，采用了线上的方式，这种方式也便于我们结合自身的需求和时间下载相应的学习视频等各种资源，进行多次观看、学习。每次学习后，我和校内的其他五位老师都会结合自身教学实际情况将学习中感受最深刻的内容进行交流。同时将下载的学习资源分享给其他数学教师，达到了资源共享、全员提升的目的，将精品校联盟项目教学研究活动的效益发挥到最大化。

近一年多，项目组有效针对"教学目标"开展了一系列的研究活动，包括专家讲座、研究课观摩、课堂实践、总结撰写相关的案例和论文。经历了这样完整的研究过程，我对教学目标、教学活动、学习任务的设计有了更加清晰的认识。单元、课时教学目标的研究、制定、落实至关重要，它决定着一节课的教学内容、教学结构、教学方法和教学组织形式，有效的教学必先具备有效的教学目标。教学目标是课堂教学的出发点和归属点，教学设计和课堂教学的所有环节都必须为教学目标服务。教学目标的确定、教学过程和方法的制定依据相关的理论，符合教育教学规律，课堂教学才能更具实效性。结合专家讲座和自身积累的教学经验，我进一步认识到分析教材是提高教师备课质量、精准确定教学目标及保证课堂教学实效性的先决条件。我们要分析课时教学内容在教材中的呈现形式，在整个单元乃至整册教材中的地位及前后联系。"创造性地使用教材"，是用教材教的最高境界——超越教材、活用教材。它具体体现在教师对教材有深刻和独到的见解，对教学有独特的思路和设计，面对复杂多变的教学情景，及时增删、延展固有观念，营造出有益于师生对话的氛围，使教学活动更加鲜活生动。因此，我力争站在与教材编写者同样的高度去审视教材，以期能够读懂学生、读懂教材，寻求学生认知规律与教材编写意图之间的契合，对教材科学合理地整合、重组和超越，制定可行的教学目标，使加工后的教材更具实效性、现实性和挑战性，可以更好地调动学生的积极性和主动性。

结合项目组的学习，我积极思考，大胆实践。

例如，针对一年级教材中《连加连减》这一教学内容，教材将它放在10以内加法后面，这既是对加法意义的拓展，又为后面学习《11~20各数的认识》及解决问题奠定了基础，具有承上启下的作用，本课教学是开启两步计算的里程碑。连加这部分内容在教材中是与连减一起呈现的，但我认为加法是减法的基础，只要深刻

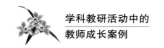
理解了连加的意义，那么对于连减的内容学生就能够有效迁移，所以我精选了教学内容，一节课中只完成连加的教学任务。"如何为课堂营造良好的学习氛围，有效激发学生的学习动机？如何深挖教材，对教材内容有效延伸，拓宽学生思维的广度和认识的深度，提高课堂教学效率？如何激发学生练习的积极性，促进学生思维能力的发展？"带着对这些问题的思考，我进一步明确了本节课的教学目标：1. 理解连加的意义，掌握连加的计算方法并体验算法的多样化；2. 在具体的情境中提高获取信息、提出问题、解决问题的能力；3. 在学习过程中感受数学与生活的联系，培养学生对数学的情感。其中"掌握连加的计算方法"是教学重点，"理解连加的意义"是教学难点，于是我从"创设情境激发兴趣""深挖教材延伸意义""巧设练习训练思维"三方面入手进行教学设计。

同时，通过前测、访谈等形式了解、分析学情，尊重学生的经验与认知水平同样至关重要。只有对学生已具备的知识"了如指掌"，才能准确地制定教学目标，进而在实践和交流中引导学生找到解决问题的方法，获取新知。

例如，在教学《分数加减法》一课时，我大胆尝试将同分母分数加减法和异分母分数加减法整合成一节课，因为基于对教材的理解，通过前测和访谈进一步了解了学生的实际情况：第一，学生会计算简单的同分母分数加减法，并掌握了分数的意义、分数的基本性质、约分、通分等知识，这为两课时合为一课时的教学设计提供了时间和空间；第二，因为有了整数、小数加减法的学习，学生已经能够理解"只有在计数单位相同的情况下，才能把计数单位的个数相加减"的算理。学生初步具备了用旧知识解决新问题的能力，为本节课的自主探究学习提供了条件；第三，对于计算结果，学生的约分和化整的意识还不强，需要教师的点拨；第四，关于异分母分数加减法，虽然有近三分之一的学生会算，但多数学生讲不清计算的道理。所以，引导学生通过自主探究理解异分母分数加减法的算理、掌握算法就是本节课的重点和难点。结合对教材的分析和前测、调研了解学生的学情，我进一步制定了本节课的教学目标：1. 通过动手操作、合作交流等活动，帮助学生理解分数加减法的算理，掌握分数加减法的计算方法，能正确进行计算，并解决简单的实际问题；2. 通过画一画、比一比、说一说等方式，引导学生经历异分母分数加减法计算方法的探究过程，利用迁移的方法探索新知，渗透转化的数学思想；3. 在师生、生生交流的过程中增强学生自主探究、合作交流的意识，提高学生的探究能力。基于此，我从"整合教学内容""选取教学资源""提供学习材料"三方面入手进行了教学设计。

教学目标的制定与落实应将指导思想、教材分析、学情分析等作为重要依据。正确处理好这几方面的关系，才能更好地进行教学设计，进一步优化课堂教学，促进教学质量的提高，真正落实"减负增效"。结合专家指导和自身实践，我不断分析、反思自己制定的单元、课时目标，并结合教学情况及时调整，努力落实教学目标的指导性和实效性。同时撰写了相关案例和论文《几何画板在小学数学图形教学中的应用》《从学生出发，精准设计教学目标》《借助探究式学习发展学生的模型思想——以〈乘法分配律〉一课为例》《谈教学目标制定、落实的重要依据》，几篇文章均荣获了精品校联盟项目组案例评选一等奖。同时非常有幸地得到了《北京教育》编辑老师的指导，《借助探究式学习发展学生的模型思想——以〈乘法分配律〉一课为例》一文计划发表在 2021 年第 12 期的《北京教育》杂志上。可以说，这样的机会难能可贵，在此特别感谢精品校联盟项目组为我们搭建了优质的学习、展示的平台，撰写的案例能够有机会发表，这也进一步提高了我在教学中及时梳理、总结的意识，激发了撰写文章的积极性，建立了撰写较高质量研究成果的自信心。

（三）发挥示范引领作用，努力建设可持续发展的教研组团队

能够参与北师大课程与教学研究院和西城区组织的精品校联盟项目教学研究活动是非常幸运的。我深知，这样的机会除了自身的努力还有工作中老师们的帮助、支持，更离不开学校对我的培养。所以，在参与项目组研究的过程中我也努力做好新理念的传递者、引领者：将项目组的研究精神和教研组的研究活动有机结合，提高组内教师的科研意识，并结合学校办学理念有效推进"生动、生态、生命"的"三生"课堂，给予学生生命成长的力量；努力打造新型教研模式，构建满足教师发展需求的校本教研模式，提高校本教研的针对性、实效性、延展性、创新性；关注学生学业质量，夯实过程，精准施策，在一系列交流研讨中，不断提高组内研究和实践的能力。

教研活动的主要目的是切实提高全体教师的专业素质，增强教师的课程实践能力。因此，基本点必须放在课堂教学和课程改革实施中老师们所遇到的实际问题上，着眼点必须放在理论与实际的结合上，切入点必须放在教师教学方式和学生学习方式的转变上，生长点必须放在促进学生发展和教师的自我提升上，在全面实施的基础上深度推进基础教育课程改革。就在上一学期，教研组围绕区"坚持全面育人、

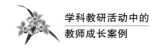

培养关键能力、关注实际获得"的主题和精神，针对年级教学内容和四年级第一学期期末测试质量分析情况，我组织老师们一起制订了年级教研组研究主题和详细的计划并认真落实。我们结合四年级第二学期教学内容开展了"借助几何直观帮助学生理解抽象概念"的微课题研究。组内的五位老师又分别确立了相应的子课题，有的老师重点研究"借助几何直观理解运算定律"，有的老师重点研究"借助几何直观建立小数概念、理解小数性质"，还有的老师研究"几何画板在空间与图形教学中的运用"。每位老师都"带题上课"，让课题载着思想走进课堂。"思想有多远，我们就能走多远。"我们深知学科的繁荣得力于教育科研，教师的生命力来自教育科研。因此，我们本着"学校就是研究中心，教室就是研究室，教师就是研究员"的宗旨带领大家一起行动。我们立足课堂，捕捉课堂中的疑点、难点、新点，把这些问题记录下来进行研究。教研和科研有机融合才能焕发出课堂生命的精彩。针对课堂教学过程中暴露出的问题，我们进一步研究、调整，制定可行的实施方案，开展再实践的活动。我想，这样的教科研活动的开展，不仅促进我们自身迅速成长，同时也促进了学生的发展，学生得到的不仅仅是知识，更是数学方法、数学能力、数学素养的全面提升。老师们一起利用每周三下午年级数学教研活动时间，开展充分、高效的研究交流活动。从学期初的个人选题目的、意义、研究方式方法的交流，共同学习相关理论知识，到学期中开展理论与实践相结合的研究课、听评课，再到学期末全校范围的教研组展示、交流、总结，都充分体现了教研组"共建、共研、共享"的理念。我积极发挥教研组长、骨干教师的示范引领作用，在展示活动中做研究课，与老师们交流课的设计理念和教学环节意图，汇报这一学期年级教研组的研究过程及成果，得到了领导和老师们的认可，体现了我们四年级数学教研团队的智慧，努力践行、落实"根据学生需求探索教学新途径，研究真实问题促进学生新发展"的目标。

作为教研组长，我努力提升集体备课的研究性和实效性，帮助教师清晰地了解教学内容及知识脉络；结合大单元的深度学习，提高教师的学科素养，促使核心概念在专业领域更加精深。我还带领老师们一起解读教材中每个单元的教学目标、重点、难点，以及贯通点、关键点、知识的生长点和衔接点，做到人人心知肚明，只有这样才能将"核心素养"的培养转化为自觉行为，落实到课堂教学中，促进学生具备终身发展的能力。我在教研组内进一步明确备课要求：找准核心概念，通过哪些方式让学生理解核心概念；教学设计有层次、问题有层次、概念的抽象过程有层次；践行课堂文化，体现生动、生态、生命的生生互动、师生互动的课堂，落地思维发展，一节课要有知识线也要有方法线。同时，坚持教研落实在平时，组内五位数学老师经常随时随地交流教学过程中遇到的问题，如学生掌握情况、作业反馈等，发现问题及时调整，互相启发，资源共享。在总复习阶段，我还会组织老师们一起针对学生期末阶段学习情况制订相应的复习计划，反复推敲，共同备好复习课，努力做到精讲精练，不给学生增加课业负担。在宽松、和谐的研究氛围中，每位老师都在不断思考，毫无保留地提出自己的意见和建议。正是因为有了这样孜孜不倦求索、兢兢业业育人的态度和行动，我们的教研组团队才在教学研究与实践中取得了长足的进步。

三、项目后的感悟

近三年来，无论是个人在数学教学、科研能力上的成长和收获，还是作为一名教研组长带领、组织老师们一起开展研究的能力上的提升，都得益于精品校联盟项目组领导、专家团队的关心和指导。在这样一个优质的教学研究平台上，我们有机会向北师大的专家、教授们请教，在"解疑"中经历了反思，提升了认识，获得了更好的研究、思考问题的方法。当然，我自身还存在许多需要改进和提高的地方，在今后的工作中我还要在青年教师培养上，在课程改革模式创新上下功夫；要积极营造教科研氛围，努力形成教科研文化，提高教科研的质量和效率，在教育教学研究的路上"不忘初心，砥砺前行"。

附录：

（1）项目实施大事记

序号	时间	内　容
1	2019 年 3 月	《几何画板在小学"图形与几何"领域的课堂实效性研究》课题启动
2	2019 年 3 月	梳理小学阶段"图形与几何"领域的知识系统，总结方法、策略
3	2019 年 4—12 月	集体备课及专题研究课汇报
4	2020 年 3 月	课题组成员制订修改微课题研究计划
5	2020 年 3 月	参加"核心素养与教学活动设计"的微讲座
6	2020 年 4—12 月	集体备课及专题研究课汇报

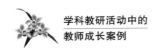
序号	时间	内　　容
7	2020 年 10 月	参加"用评价引领教学"讲座
8	2021 年 4 月	马文平老师在区精品联盟项目组做研究课
9	2021 年 6—8 月	课题组进行总结

（2）教师成果

①教学案例或教研论文发表或获奖

教师	获奖情况
田路	2019 年 6 月 论文《浅谈小学数学教学中如何促进学生主动学习》荣获北京市首届"教师专业能力"教育教学研究成果三等奖
	2019 年 11 月《巧用几何画板提高课堂教学时效性》荣获北京市基础教育科学研究优秀论文三等奖
	2020 年 5 月 案例《几何画板在小学数学图形教学中的应用》获得 2020 年北京市西城区精品校联盟优秀案例评选一等奖
	2021 年 5 月 论文《借助探究式学习发展学生的模型思想——以〈乘法分配律〉一课为例》获 2021 北京市教师"基本功与专业能力"教育教学研究成果一等奖。 该篇文章同时获 2021 年北京市西城区精品校联盟优秀教学与研究案例评选一等奖
	2021 年 10 月《谈教学目标制定、落实的重要依据》荣获 2021 年北京市西城区精品校联盟优秀教学与研究案例评选一等奖

②研究课、展示课、课例获奖

教师	获奖情况
田路	2019 年 6 月《三角形内角和》荣获西城区"十三五"教育技术应用研究课题阶段研究成果评比活动课例类三等奖
	2019 年 5 月 参加扶贫助教工作，到阜平半沟小学指导教育教学活动，执教的《轴对称图形》一课，收到良好效果
	2021 年 6 月 在 2020—2021 学年度第二学期西城区中小学网络学习平台课程资源建设中，作为主讲教师，录制网课《复式条形统计图》
	2021 年 9 月在西城区名师工作室做研究课《除数是整数的小数除法》
	2021 年 12 月西城区五年级数学教研活动第七单元《数学广角——植树问题》教材分析

第六章
京师附小英语团队
成长案例

一、项目教师团队基本情况

在精品校联盟项目启动初期，我校英语团队的全体教师们先朴素地描述了自己对教师工作的认识，然后对自己的教学现状、教学特点进行了分析，并对自己未来的教学能力进行了展望、描述。根据大家的分析，我们从项目教师团队的共有优势、主要不足、教研困惑和发展愿景等方面进行了整体的分析和归纳。

（一）共有优势

1. 工作态度认真，能专注本职工作，教学基本功扎实，综合素质较好，教学状态稳定，各年龄梯段的教师都有自己的教学常规、管理系统。

2. 愿意参加学习、教研活动，能经常在组内沟通教学心得，分享资源，会尝试将所学到的东西应用到自己的教育教学活动中。

3. 关心学生，能关注学生感受，对学生有耐心、爱心，亲和力较强，愿意创设民主和谐的学习气氛，能注意培养学生的学习习惯和学习能力。

4. 中青年教师的学科融合意识和年段衔接意识较强，会拓展一些与教学内容相关的课外知识；会通过关键词或图示等给予学生支架，辅助其对课文和重点句的识记与使用。

（二）主要不足

1. 忙于日常工作，缺乏对教学理论以及教育知识的深入学习和探究。

2. 教学模式单一，课堂过于平稳，教学激情不足，有时上课拖沓，时间把控不好。

3. 教学活动设计不够丰满，层次不够鲜明，对课堂中师生的高质量有效互动等

问题重视程度不够。

（三）教研困惑

1. 教材知识点必须落实，只是不知不觉间会被考试牵着鼻子走，对培养学生综合能力更多时候感到心有余而"时""力"不足。

2. 想进行一些课题研究但是不知道自己的方向、方法是否正确。

（四）发展愿景

1. 尽可能全面提升自己的综合素质和教育教学水平，努力成为学习型、科研型教师。

2. 能在课堂上开展更有效、有意义的教学活动来培养学生的学习能力，提升其思维水平。

3. 提升我校英语教师团队的科研水平，提高团队课题研究、课程开发与实施的能力。

4. 对于不同年龄梯段的教师来说：

（1）对于新入职教师，我们希望通过这个项目能引领其尽快熟悉英语学科特点和小学教学工作，能够独立组织课堂、备课上课；

（2）对于青年教师，我们希望他们能够准确把握学科特点，合理安排课堂教学，有效实施课堂管理，提升课堂教学实效；

（3）希望成熟期教师能总结教育教学成功经验，努力形成教学风格，深度参与教学研究，提高教科研水平；

（4）对于骨干教师，能总结、提炼自己的教学经验，形成自己的教学风格，对教学和研究工作更有策略、更精细。

二、项目教师团队在聆听讲座中的收获及体会

从 2019 年 3 月项目正式启动开始，一系列富有针对性且实用性强的讲座、培训给老师们留下了深刻的印象，也给老师们带来很多收获和启示。这些专题讲座、学习活动带领我们回顾了基础教育课程改革的几个大阶段，即从注重"三维目标"到提出"核心素养"再到关注"学科核心素养"；复习了《英语课程标准》；深刻理解了"教与学"的关系，设计有效学习活动的重要性及评价标准；还学习了脑科学

的一些知识。经过学习，老师们在提升专业知识的同时，也在逐渐转变自己的教学理念。

（一）思英语课堂教学之性质

1. 关于英语课程与教学的几点思考

2019 年 5 月 28 日，在北京师范大学英东楼 454 教室，我们聆听了中教科学研究院李红恩教授的讲座"关于英语课程与教学的几点思考"，了解了英语课程的文化品格、英语教学方法和内容型教学法。英语学科将课程性质明确界定为"具有工具性和人文性双重性质"，因此我们要更重视素质教育的实施。李教授带领大家重温了多种教学法，着重介绍了内容型外语教学法。通过此次讲座，大家意识到对于英语教学而言，没有哪一种教学方法是完美无缺、放之四海而皆准的，每一种方法的产生必定有其创新之处，同时也会暴露出其缺陷。我们应在教学实践中兼收并蓄、博采众长，并对教学法创造性地运用，提高学生学习效率，激发学生的学习兴趣。

2. 深度学习及其意义

2019 年 8 月 27 日精品校项目组开展了集中培训。郭华教授带来的专题讲座围绕着"深度学习及其意义"展开。她在讲解教和学的关系时，以表格形式与听众互动，她说教学如买卖，有卖还得有买，没有买的叫吆喝，教学也是如此，教不能独立存在。教师的工作对象是学生的学习内容，教师应引导学生学习，引发学生深思，为学生服务。郭教授用平方差和八木重吉等案例诠释了什么是深度学习，并强调最重要的是教学思想和教学模式的改变。虽然这对教师的要求较高，但是我们要学着改变，打破自己固有的思维模式，不断调整改进教学活动，让学生真正成为教学主体。通过深度学习，触及学生的心灵深处，使学习知识的过程真正成为学生自觉、主动的活动过程。

（二）悟英语核心素养之要求

1. 基于核心素养培育的课堂教学

阚维教授的讲座"基于核心素养培育的课堂教学"通过不同国家的各种教育研究数据为我们展示了基于核心素养培育的课堂教学的重要性，我们在教学中要积极开展启发式、探究式、讨论式、参与式教学，设计动口、动手、动脑的有趣的课堂活动，激发学生的好奇心，创造学生独立思考、自由探索、勇于创新的良好环境。

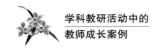

2. 核心素养取向的小学学科学习活动设计

2020年9月开始，我们分几期学习了陈晓波教授关于"核心素养取向的小学学科学习活动设计"的讲座。为建立核心素养与课程教学的内在联系，充分挖掘各学科课程教学对全面贯彻党的教育方针、落实立德树人根本任务、发展素质教育的独特育人价值，各学科基于学科本质凝练了本学科的核心素养，明确了学生学习该学科课程后应达成的正确价值观、必备品格和关键能力，对知识与技能、过程与方法、情感态度与价值观三维目标进行了整合。因此，设计符合核心素养取向的学习活动是对老师们的必然要求。而要想做到这一点就要培养三个方面的"意识"，即"目标—标准意识""单元整体意识"和"学习任务意识"。

（三）求课堂教学之实效

1. 学习活动的特点及对教育的启示

曾琦教授在集中培训时带来了题为"学习活动的特点及对教育的启示——基于脑科学的学与教"的讲座，由对"教无定法，重在得法"中两个"法"的解释带领我们进入脑科学视角下的学与教。在谈及学习活动综合性、动态性、创造性、系统性、节律性、多样性这些特点时，曾教授通过生动的事例图文并茂地说明了这些特点对教育的启示，带给老师们很多忠告。给大家留下深刻印象的有：①教师一方面要提升自己的教学能力，另一方面要努力发掘学生中有多种沟通渠道的人；②良好的师生关系能让学生在更安全的环境下进行认知学习；③为了学有所得要忍得、等得、舍得；④学习不能替代，要给学生讲"拐弯"的技巧，要和学生一起"掉进去"再带着学生一起"走出来"；⑤教学活动的安排要符合遗忘规律等。

2. 有效的课堂教学的特征与评价

2020年3月底张春莉教授的线上讲座"有效的课堂教学的特征与评价"生动风趣，她列举了很多真实事例来说明无效课堂教学的各种表现，引导我们反思在教学中出现的若干问题。有效的课堂教学是需要教师潜心钻研的，师生之间的关系也应该是合作关系，教师在教学中应始终充当学生学习的促进者、指导者和合作者。

三、项目教师团队在教学实践中的学习与成长

为使每次讲座的知识要点能够较为深入地落实，我校项目教师团队坚持每月开展一次专题教研活动，请老师们畅谈学习后的体会。而更重要的是，我们通过每学

期的组内研究课来实践自己的学习收获，不断调整教学思路，转变教学行为。

（一）研究课专注教学活动的丰富有效

景艾娜和郑香芸两位老师于 2019 年 3 月率先报名完成研究课。对于三年级的《We'll pick fruit.》这节课，景艾娜老师利用图形组织工具帮助学生梳理课文内容、概括课文大意，并指导学生仿照表格描述自己的假期计划。由于备课时经过精心预设，课堂上的很多细节都处理得比较好，比如在对话中渗透生活中的成本观念。在最后的拓展环节，景老师不仅利用板书教给学生如何有条理地表述自己的计划，还渗透了清明节的传统文化知识。阚维教授亲临现场，在听课后耐心详细地进行了评价。他指出，低年段孩子的英语学习重点应该从"情景教学模式+行为"转向体验式学习，在学习过程中，让孩子感受到语言的有趣、活泼、好玩。阚教授建议这节课在愚人节这天进行，可以结合这个节日设置情境，和学生用英语开玩笑，导入"I will ..."的句型问答，就会更有趣、更有气氛。课文内容难度不大，可以在设计时缩短新授时间，后面扩展时间就会多一些，以加强学生的学习体验，让学生多说一说自己的假期计划。文化是核心，交流是外延。

郑香芸老师教授的是字母 z，出自我校英语组编纂的一年级外语实践活动课程教材，她搜索了很多有关的音视频资源来丰富课上活动。阚教授对这节课也给予了肯定和鼓励，同时建议要增加学生的体验感，比如把字母贴在身体上拼读，还可以拓展有关 zero 的文化。郑老师也觉得自己的课堂可以更开放、更自由一些，可以从以下几点进行尝试，如：在导入热身环节可以设置悬念，让学生有自主探索的欲望，还要注意避免单纯的耳口运动，可以加上视觉感官刺激，改善教学效果，例如可以准备不同字母的头饰让学生进行复习；还要善于利用自然生成的"状况"，带领学生学习一些英文表达，比如本节课上一位男孩没有回答上问题很伤心，差点要哭出来了，那我们就可以带领学生认识 sad 这个符合发音规律的单词，用已学知识拼读这个单词；教授字母和自然拼读、复习字母的时候可以适当增加生活化体验，比如让学生说一说生活中常见的缩写词如 KFC、CCTV、CD 等等，让学生感受到英语就在我们身边。

六月，我们再次邀请阚教授走进我们的校园。傅民和刘芳两位老师对阚教授之前的建议进行了深入思考，同时也研究了教材、文本、学生。刘老师不断改进教学预设，以期更有利于学生的思考和知识的整合。在课文的整体讲授过程中，利用听

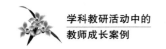
力、阅读以及学生合作等方式，让学生更有效率地学习；表格式归纳使学生易于理解；在练习过程中，学生的活动使学习深化；整节课围绕谈论书包进行活动设计。傅民老师的课达成了基本教学目标，游戏活动也达到了预期效果，学生通过老师搭建的支架，利用"be going to"和"will"加上地点、时间、交通工具和活动的句式基本上做到了综合运用语言。但由于教学设计中学习课文这一部分用的方法是听力、阅读讲解新课，这两种方法的活动时间较长，导致后面产出环节的目标未达成。

阚维教授认为两位做课老师学有所用，有思考，有探索，有想法，有实践，还有支架式引导，讲授收放自如，学生把握住了基本表述。建议我们再次打开思路，比如设计"Travel Plan"，可以让学生在之后一周内完成，形式可以多种多样，比如用 poster 的形式宣传介绍自己的"Travel Plan"等。

（二）主题式研讨活动逐一突破教学困惑

2019 年下半年，在阚教授承担了更多校内工作、十分繁忙的情况下，我们创新专家评课方式，将授课情况先录制下来，由任课教师结合教学实录进行说课，请阚教授对我们的思考和实践进行点评，两次活动主题鲜明、重点突出，六堂课均获得了专家的高度评价。

第一次活动聚焦的是"小组合作"这一主题。刘老师和傅老师采用的是任务型教学模式，关注的是低年级课堂学生小组的合作，符合低年级学生的特点和认知规律；叶老师采用的是过程性写作和任务型教学模式相结合，关注的是高年级学生学习小组的合作，符合高年级学生的特点。阚教授指出，有效的小组合作要注意角色的分配，要提供合理的支架，并且要指令清晰；任务型教学模式要关注情境的设定。

第二次活动聚焦的是"知识可视化"这一主题。郑老师用"看病"这一情境带领学生利用板书梳理优化课文信息，最后学生根据 worksheet 表演了不同的看病情景；景老师用"不同类型的工作犬"这一内容带领学生利用板书梳理课文并补充课外知识，最后学生根据板书内容连词成句；苏老师利用板书梳理优化课文，介绍熊猫这种动物，最后学生能够利用教师提供的资源介绍某个国家的代表性动物。阚教授指出，支架并不等于框架，不同年级不同内容要注意合理搭支架，注意知识的连接性和逻辑性。阚教授还提示我们要放慢说话语速，并给予学生正向反馈，不要吝啬使用表扬的词汇。前来参会的西城教科院林春腾院长也希望我们能更加细致地落实研究点位，大家觉得这对于我们的研究，包括最后能出来的成果来说都是很中肯的意见和建议。

此次专题研讨活动，是对我们这一学期教学研究的一个强有力的推进。通过在精品校联盟项目中的学习，我组教师的教学观、评价观都在慢慢改变，而且这种改变是对学生的学习、发展更有益的转变，所以很有收获也很有意义。例如，在设计导学案、板书以及评价工具、评价单时，我们都在考虑使之适宜学生理解，帮助学生梳理思维。

（三）案例研讨聚焦"教学目标的精准设定"

2020 年 9 月开启正常校园教育教学生活后，精品校联盟项目组以教学目标的指向、把握和实施为深入研究点，组织组内教师学习"教学目标设计""核心素养取向的小学学科学习活动设计"等讲座以及兄弟学校提供的每月一节的主题研究课。老师们在学习、备课、反思的过程中，不断明确对教学目标的聚焦和执行。

我校幸运地得到一次线上授课实践展示的机会。叶颖老师在认真学习了教师用书、参考了数字学校相关课程的教学设计、对照易教授的讲座后，自己完成并修改过两遍教学设计，然后在教研组内征求大家的意见和建议，之后再请阚教授和易教授给她提出意见并再次修改。从最开始的符合常规、面面俱到，到不断精简，叶老师描述的教学目标，字数越来越少，但对于本节课学生要学会做什么却在她心中越来越清晰了。她感叹，原来版本的教学目标只要换一下单词、句子内容，好像别的课也可以用；而最后确定的版本则是这批学生在这个学习阶段这一课时要达成的目标。大家都觉得在这样的目标指导下，教师和学生的教与学才是有价值的、有效果的。

作为新手教师的苏婧涵老师说，在这次学习后，自己逐渐明晰了教学设计的步骤，不断改进课堂活动的设计，逐渐形成自己的教学风格。特别是真正弄明白了自己究竟要怎么去改自己的教案后，她在修改教学设计时更精准地指向自己的教学环节，在梳理流程的过程中也能使自己的目标更明确，然后更多地去考虑学生是否能达到自己的目标、活动的设计是否合理。所以参与这个项目最重大的意义就在于帮助她把教学目标和教学活动融合成了紧密相连的整体，通过对目标的精准设计把后面的整个环节都考虑周全了。

已有六年教学经验的郑香芸老师说，通过这次学习她了解到教学目标能够导学、导教并且能够导测量。教学目标指导教师确定教学范围、教学内容、教学重难点，

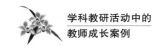
以及学生的原有学习基础等，引导学生积极地参与教学过程。教学目标还确定教师将采取的教学步骤、教学环节以及每个步骤将采取的教学活动，指导教师有条理地去完成教学计划或教学任务。不仅如此，教学目标明确了学生要达到的学习要求或水平，同时为教师提供检测的标准和依据。自己实实在在地体会到了制定教学目标的重要性。她还回想起自己每次确定教学目标时，都会参考西城研修网上其他老师的一些经验，也会阅读教师用书，觉得书里面的教学目标和活动能够提供一些帮助，但是自己还需要根据学情进一步调整，而且现在看来，虽说自己做了调整，但还是有很多"假大空"的地方。

景艾娜老师在这一学期承担了区级线上课程的录制工作。她在总结时特意提到有关教学目标设计的学习对她的帮助特别大，在备课、录课的过程中运用到了这些理论知识，和教研员老师进行了很多探讨，最终很好地完成了录课任务。

四、项目教师团队的成长与收获

在精品校联盟项目实施的过程中，项目教师团队在很多方面都觉得有感悟，有收获。

（一）课堂教学活动更有实效

傅民老师说，在参加项目之前，像自己这样的老教师，教学经验是有的，但是教学思维定势也特别明显。通过几位教授的讲解和听课，自己进行了反思，认识到教学目标设置要有针对性，可以更简洁一些，可以用减法。现在自己设置的教学目标就非常清楚、有针对性了。教学目标中的每一点和教学活动中的各点都一一对应，教学目标有效地落实在了教学活动中，同时教学活动也达成了教学目标。

叶颖老师觉得自己在教学思路、教学方法及教学行为上都有了一些转变，能以学生更好地"学"为出发点和落脚点。这样做以后，学生在每节课都有实实在在、清晰可检测的收获了。

苏婧涵老师觉得教学教到最后就是帮助学生梳理框架，掌握学科知识的脉络。我们可以通过前测等对学生的情况进行充分了解，然后在研读教材及师生交往中调整、确定教学目标，再设计适合的活动。教师在课堂上要做好示范，让学生们明确方向，自然就能收获知识了。

（二）撰写案例论文不再犯难

2021 年 1 月的寒假中，我校英语组教师认真聆听了易进教授的线上讲座"教学目标研究的案例撰写"。易教授在讲座中指出了教师设计目标时遇到的现实问题：表述笼统、不便于检测和模式化。然后她详细剖析了三节案例中教学目标是如何一步步改进后确定的，各目标之间是如何关联的，最后说明如何检验目标的达成，并讲解了关于教学目标研究的教学案例写作的基本框架。我们感受到了教学目标的设定对整节课教学实施的重要性，也明确了如何撰写这一主题的研究案例，最终达到了事半功倍的效果。

傅民老师觉得在参加项目之前无论是写论文还是写案例都很费劲儿，不知道怎么写，有时是没东西可写。然而现在，尤其是经历了每个学期的课例打磨以及易进教授的培训后她感觉有东西可写了。她可以把学到的内容转换成自己的思考、实践，再经过授课检验、再思考，很自然地就写出了数千字。刘芳老师认为通过两年来的学习，自己对研究有了更新的认识，并且学会了积累和分析，这使自己在研究层面以及撰写论文方面有了更多的思考和收获。

郑香芸老师在听讲座时总会加入自己的思考。如当专家谈及项目学习时，她就会对比自己进行的课题行动研究中实施的微项目学习模式，发现自己课题中的微项目要继续调整，关注学生真实的参与。当专家谈及日本学者佐藤学提出的课堂中教师能够倾听、串联和反刍的理论时，她会反思自己的课堂能不能做到多点串联，抓住学生的即时生成并作出合理的回应，根据学生年龄特点探索多维度、深层次的学习。专家谈及提问无效性，主要表现为一节课提问大多为一问一答，没有引发学生思考，只能引发学生低层次思维；学生齐声回答次数偏多等，则引发了她更多的思考，如问题设置要有逻辑性、递进性，不仅要考虑低阶问题，还要引发学生的高阶思维。在谈及高参与和高认知两个方面并分享了有效的课堂教学的特征时，她说她懂得了教师应创设情境引导学生积极主动地参与学习。在其过程中教师要进行示范，引导学生体验并促进其认知理解，在不同的角色间转换并为学生提供学习材料、一定的学习时间等。这能够使学生形成对知识真正的理解并获得积极的体验。这些思考促成了她的微研究及多篇论文的完成。

（三）为做研究找到前进方向

2018 年暑假集中培训时，北师大卢立涛教授进行了题为"一线教师为什么要做

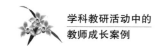
研究，学生是如何建构知识"的讲座，强调了"教学应以学生已有的知识经验为基础来设计与展开"。一线教师更应选取最适合于一线教师的研究，即"行动研究"。卢教授进而分享了行动研究的"十个步骤""五个要领"，还有具体案例、研究模式等内容。我组教师都觉得这个讲座对于我们今后尝试开展行动研究很有指导意义。精品校联盟项目开展期间，我组教师积极投身科研课题研究工作。

"在小学英语学科渗透中国传统节日文化的行动研究"于 2017 年初被认定为"西城区教育科学规划教师专项课题"，2018 年 11 月我们收获了课题结题证书，考核等级为"优秀"。为争取更为丰厚的课题成果，我们对这一课题进行了持续推进。2020 年 10 月，我组教师参加了"第五届小学教育学术研讨会暨《新中国小学教育研究 70 年》丛书首发式"。郑香芸老师在此次大会上代表项目组做了《在小学英语学科传承中国传统节日文化》的主题交流。该课题还获得了 2020 年北京市西城区教育教学成果奖三等奖。

叶颖老师的微研究《在小学英语学科开展小组合作学习活动的价值及组织策略研究》在西城区第 23 届征文评比中荣获二等奖。郑香芸老师的微课题"知识可视化在小学英语学科中应用的行动研究"在西城区教育学会 2018—2019 年度"坚持立德树人与深化教改创新"优秀微课题评审中获得一等奖。微研究《知识可视化在小学中高年级英语学科中应用的行动研究》在西城区第 23 届征文评比中荣获三等奖。

（四）项目教师更加期待今后的学习、实践和发展

项目教师团队将在实施精准教学的基础上更加关注学生的学习行为，通过对教学活动的设计、组织和调整，提高学生在英语课堂的参与度，提升学生对英语学习的兴趣，最终实现学校英语学科教学质量的整体提升。

附录

（1）项目实施大事记

2019 年：

2 月 19 日至 3 月 1 日　项目组进行前期准备，完成"京师附小'精品校联盟项目'教师培养计划"

3 月 7 日　"精品校联盟项目"启动活动在我校举行

3 月 15 日　组内教研，请项目组教师在"京师附小'精品校联盟项目'教师培

养计划"基础上制定个人目标，做课教师着手准备备课

4月1日　北师大教育学部阚维教授来我校听课调研

5月7日　前往人教社外语室参加陈思雨老师讲座"教学中的文化意识和思维品质培养"

5月28日　前往北京师范大学英东楼参加中国教育研究院英语教育研究专家李红恩教授讲座"关于英语课程与教学的几点思考"

7月29日　向阚教授提交我校项目组教师教学案例

8月27、28日　项目组教师参加精品校项目专题讲座

9月17日　组内教研，项目组教师进行自我分析、讨论个人研究课题

10月14日　项目组教师提交"教师自我分析"

10月15日　组内教研，项目组教师参加阚教授"案例反馈"讲座

10月29日—12月3日　组内推进课例研究，积累素材

12月3日　阚教授来我校参加第一次（结合课堂实录说课）专题教研活动——"活动有效性"

12月18日　阚教授和林院长来我校参加第二次（结合课堂实录说课）专题教研活动——"支架式教学—学案—思维可视化"

2020年：

1月15日　组内教研，项目组教师学期小结，大家谈自己的收获、困惑及意见、建议

2月17日　项目组教师提交"我的教学设计改进"

3月31日—4月1日　项目组教师参加精品校项目专题讲座（线上）

9月22日　组内教研，项目组教师讨论精品校项目下的研究选题

10月—12月　围绕"教学目标的精准设定"，项目组教师每月学习一节课例、一个讲座

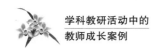
时间		内　　容
10 月 28 日	课例	厂桥小学数学直播课《比的认识》
10 月 30 日	讲座	易进教授讲座"教学目标设计的问题与改进要点"
11 月 25 日	课例	奋斗小学语文课《搭船的鸟》
12 月 2 日	讲座	陈晓波教授讲座"核心素养取向的小学学科学习活动设计 1 目标"
12 月 29 日	课例	京师附小英语课《It's mine.》
	讲座	陈晓波教授讲座"核心素养取向的小学学科学习活动设计 2 任务"

12 月　筹备、修改、录制我校项目组课例

2021 年：

1 月 24 日　项目组教师参加精品校联盟项目专题讲座（线上）：易进教授"教学目标研究的案例撰写"

3 月 9 日　项目组教师提交案例评选稿件

4 月—6 月　围绕"教学目标的精准设定"，项目组教师每月学习一节课例、一个讲座

时间		内　　容
4 月 6 日	课例	康乐里小学数学课《搭配》
4 月 20 日	讲座	阚维教授讲座"教学活动设计"
4 月 28 日	课例	中古小学英语课《整本书阅读》
5 月 11 日	讲座	周序老师讲座"教学组织与教学设计"
5 月 31 日	课例	展览路小学语文课《古诗三首》
6 月 17 日	讲座	周序老师讲座"教师如何撰写论文"

7 月 12 日　项目组教师接受易进教授团队专题访谈

8 月 31 日　项目组教师提交案例评选稿件

9 月 6 日　完成《英语团队成长案例》初稿

9 月—11 月　围绕"教学目标的精准设定"，项目组教师每月学习一节课例

时间		内　　容
9 月 30 日	课例	五路通小学语文课《古诗三首》
11 月 10 日	课例	三里河三小数学课《方程的意义》

10 月—11 月　修改《英语团队成长案例》《项目工作学校案例》

（五）项目成果列表

1. 集体荣誉

区级规划课题"在小学英语学科渗透中国传统节日文化的行动研究"顺利结题并获得 2020 年北京市西城区教育教学成果奖三等奖。

2. 个人荣誉

（1）傅民老师：

教学案例《教学目标设计也可以用"减法"》获得 2021 年北京市西城区精品校联盟优秀教学与研究案例评选二等奖

（2）刘芳老师：

教学案例《教学真实发生——教学在思考中改进》获得 2020 北京市西城区精品校联盟优秀案例评选二等奖

教学案例《教学活动与教学目标达成带来的思考》获得 2021 北京市西城区精品校联盟优秀教学与研究案例评选三等奖

（3）景艾娜老师：

教学案例《在对比中调整，在修改中提升》获得 2021 年北京市西城区精品校联盟优秀教学与研究案例评选二等奖

2020 年 8 月在西城区中小学网络学习平台录制一节六年级秋季课程

2021 年 3 月在西城区中小学网络学习平台录制一节五年级春季课程

2021 年春被学校评为西城区骨干教师

（4）叶颖老师：

2019 年 11 月在首都原创课程辅助资源征集评选活动中，小学英语学习活动方案《学案》被评为二等奖

教学案例《好课都从改中来》获得 2020 年北京市西城区精品校联盟优秀案例评选一等奖

教学案例《从"为教而学"到"为学而教"——It's mine.》获得 2021 年北京市西城区精品校联盟优秀教学与研究案例评选一等奖

2020 年 9 月论文《在小学英语学科开展小组合作学习活动的价值及组织策略研究》被评为北京市首届教师"基本功与智慧"教育教学研究成果二等奖

微研究《在小学英语学科开展小组合作学习活动的价值及组织策略研究》在西

城区第 23 届征文评比中荣获二等奖

2021 年 3 月在西城区中小学网络学习平台承担六年级审课监听工作

2021 年春被学校评为西城区骨干教师

（5）郑香芸老师：

教学案例《改变源于碰撞》获得 2020 年北京市西城区精品校联盟优秀案例评选二等奖

微课题"知识可视化在小学英语学科中应用的行动研究"在西城区教育学会 2018—2019 年度"坚持立德树人与深化教改创新"优秀微课题评审中获得一等奖

2020 年 9 月论文《知识可视化在小学中高年级英语学科中应用的行动研究》被评为北京市首届教师"基本功与智慧"教育教学研究成果三等奖

论文《基于文化回应性英语教学的中国传统节日文化渗透》获北京市首届"教师专业能力"教育教学研究成果二等奖

微研究《知识可视化在小学中高年级英语学科中应用的行动研究》在西城区第 23 届征文评比中荣获三等奖

2020 年 10 月在北京师范大学小学教育研究中心主办的第五届小学教育学术研讨会上宣讲了研究成果，受到现场一致好评

在西城区小学英语四年级区教研活动中承担下册教材教法介绍

2020 年 8 月在西城区中小学网络学习平台录制一节四年级秋季课程

2021 年 3 月在西城区中小学网络学习平台录制一节三年级春季课程

2021 年春被学校评为西城区骨干教师

（6）苏婧涵老师：

完成案例《在合作学习中提高学生英语口语表达能力》

2020 年 9 月在"西城区小学首届青年教师风采展示"活动中，获得课堂教学二等奖

教学案例《提炼教学目标，促进有效教学》获得 2021 年北京市西城区精品校联盟优秀教学与研究案例评选三等奖

完成论文《教学目标的提与炼》

第七章

三里河第三小学高天
个人成长案例

三里河第三小学是西城区一所重点小学，1958 年建校，现有 57 个教学班，1900 多名学生，学生入学率和巩固率均为 100%。学校以培养学生的健全人格和良好行为习惯为目标，稳抓养成教育，整体培养学生的精神面貌，规范学生的言行举止，凸显德育特色。

一、入项前的自我分析

2020 年我有幸加入学校精品校联盟的团队进行学习。当我得知本次学习将围绕制定精准教学目标进行时，我对自身教学目标的制定进行了回顾。正值工作四年，我对教学目标的设计有一些自己的想法和实践。在制定目标前我能够认真研究教材，了解教材例题内容，分析重难点；也能够认真研读教参，把握教学基本方法，对于新单元或者每一单元的难点课也能有意识地了解学情，做好备课工作。但是也存在一些一直以来反复出现的问题，比如在公开课备课过程中，经验丰富的教师会指出我的教学目标有些地方设计不准确；教学设计语言不准确；三维目标混淆，层次不清晰；教学设计的重难点在落实过程中不够突出；等等。

二、项目中的经历与反思

（一）理论学习

专业知识的提升离不开理论学习，在精品校联盟专家的指导下，我通过理论学习对国内外教学目标的界定有了一定了解。

1. 国外文献学习

国外教学目标分类研究的理论观点有很多，其中以下几种较具代表性：

（1）布卢姆等人的教学目标分类理论

布卢姆等人认为，教学目标可分为三大领域：认知领域、情感领域和动作技能领域。布卢姆本人提出了认知目标的分类，情感目标和技能目标的分类是由克拉斯沃尔（Krathwohl，D. R）和哈罗（Anita Harrow）分别于 1964 年和 1972 年提出来的。

认知领域：知识、领会、运用、分析、综合、评价。

情感领域：接受、反应、评价、组织、由价值或者价值复合体形成的性格化。

动作技能领域：反射动作、基本—基础动作、直觉能力、体能、技巧动作、有意沟通。

（2）加涅的教学目标分类理论

美国当代著名的教育心理学家加涅在其《学习的条件》一书中，认为学习的结果，或者教学活动所追求的目标（在这里，我理解为教学目标），就是学生形成五种能力：智力技能、认知策略、言语信息、运动技能和态度。

（3）巴班斯基的教学目标分类理论

苏联著名教育家尤·克·巴班斯基根据总的教育、教学目的，提出"综合规划和具体确定课堂教学任务"的课题，对教学的较为具体的任务（目的）作了分类。

教养任务：形成理论知识和该学科所特有的专业技能技巧。

教育任务：教师应设法掌握对学生进行共产主义教育的各个基本方面；培养他们的辩证唯物主义世界观，进行思想政治教育、劳动教育、道德教育、美育和体育。

发展任务：发展学生的智力、意志、情感和动机（需要、兴趣等）。

（4）梶田叡一的教学目标分类理论

日本教育家梶田叡一结合东方人的意识，从目标实现的形态角度把各个领域的目标又分为三大类：①基础目标（达成目标），指要求学生必须掌握的具体知识的能力，是任何人都应达到的要求。②提高目标（向上目标），指要求学生向某种方向不断深化、提高、发展的目标。③体验目标，这类目标不是以学生中产生的某种行为变化为目的，而是以产生特定的内在体验、感受为目的。教师可以通过师生之间的情感交流、对话和分析学生习作等来了解学生这种内在体验达到的程度。

2. 国内学者对教学目标的认识

（1）唐文中在《教学论》中的教学目标分类观点

唐文中主编的《教学论》认为，在教学理论研究中，事实上，教学的基本任务可以通过两条线索去理解：一条线索，教学是学校的中心工作，是完成教育目的的基本途径，那么，教学的任务就应包括智育、德育、体育、美育、劳动技术教育几方面的任务；另一条线索，教学所具有的价值和功能，那么，教学的任务就应该包括向学生传授基本知识、使学生获得技能技巧、培养学生的情感态度、发展学生的智力与创造力、使学生形成良好的心理和行为习惯几方面。

（2）李秉德在《教学论》中的教学目标分类观点

李秉德主编的《教学论》认为，在对教学的一般目标进行分类时，可以从三个主要的维度展开：第一个是教育目标的组成部分，即德育、智育、体育、美育、劳动技术教育，简称为德智体美劳；第二个是通过教育教学所要形成的学生个性心理要素，包括知识、智能（智力、能力、创造力）、价值（理智的、道德的、审美的）、情意（情感、动机、态度、意志）和行为（动作技能、行为规范、行为习惯）；第三个是各部分和各要素的发展水平。

综上我们可以总结出：无论是国内还是国外的专家学者对教学目的（目标）的分类、细化，最终都指向对知识技能、过程方法、情感态度与价值观三维的培养。

（二）讲座

本次精品校联盟学习的几次讲座都给我带来了很多思考。

第一次是在 2020 年 3 月，我有幸参与了精品校联盟线上学习活动，活动时间为期两天。讲座中阚维教授就"基于核心素养培育的课堂教学"、张春莉教授就"有效的课堂教学的特征与评价"进行了详尽的讲解。

通过阚教授对于"核心素养"这个词的内涵横纵向的讲解我认识到，"核心素养"是近些年来教育关注的重点，虽然和一些国家相比较，我们的"核心素养"理念提出的比较晚，但是我们追赶的速度、研究的深度一点也不落后于别国。根据我们的具体国情，在这方面我们一直在实践中修改和调整，力求建立一套适合我国的核心素养教育体系。此外，从未来十年的核心素养的教育目标来看，我们要培养的不仅是知识型人才，更是社会型人才，有担当、会生活、富涵养，

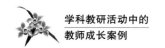

这样的人才才是合格的社会型人才。结合实际的数学学习，我们要更加关注科学精神和学会学习两方面内容。数学是一门严谨的学科，除了基本的数学知识，更重要的是培养学生的理性思考、全面思考问题的能力。但是随着问题的变化又要求学生能发现其中的变化并且能够游刃有余地解决问题，这一点要求学生学会学习，也就是从众多的内容中能够自主找到关联，找到方法，而不是别人讲什么就学什么。

课堂的有效性一直是我们青年教师备课和课后反思的重点。张教授在授课时首先就如何根据学生课堂反应判断课堂是否有效进行了详细的描述，进而启发我们思考"无效"从何而来。通过反思，我发现可能是教学目标制定不准确、课堂无趣、学情把握不准确、课堂活动难易程度掌握不够等方面的原因导致了"无效"。看来还要多从自身找问题，不能简单地把"无效"归结于学生的听讲问题。

根据这些问题，通过思考，我认为作为青年教师在之后的课堂中要注意以下几点：

第一，备课充分。备课充分不仅仅是对教材、教参的研究，同时要准确把握学生对新知识的掌握程度。只有了解了学生对新知识掌握的程度才能真正根据学情制定教学目标，设计层次相当的教学活动，这样学生在学习时才不会因过难而放弃或因过易而感到无趣。同时，制定了教学目标和教学活动后还要做好充分的预设，以此补足青年教师经验的缺失，争取把握学生的课堂生成，从而转化成提升点。

第二，加强专业知识积累。青年教师几乎都是本科及其以上学历，在高等教育阶段对于各种有关教育学的知识都有过系统的学习，但是再快的刀不用不保养也有生锈的一天。这提醒我们要把过去的专业知识"捡起来"用在课堂上，这样才能让课堂教学更加科学、严谨。

第三，教师引导学生构建。教师是一节课的设计者、引导者，而学生才是一节课的主要参与者。知识是不能传递的，教师只是信息的搬运工，通过语言、文字、操作进行搬运，学生在这个感受的过程中构建知识体系，从而内化吸收。根据这一分析，想要提升课堂有效性就要确保学生的课堂参与度，而保证学生的课堂参与度就要求师生、生生有良好的互动。作为教师，在一节课中除了有引导性的语言，还要确保有评价性语言，比如针对学生个人、小组活动的客观点评、鼓励评价和提升性建议等，这都是促进学生有效学习的策略。

2020 年 11 月，易进教授和陈晓波教授开展了第二次讲座，主要讲解了教学目标存在的设计问题和具体设计教学目标的方法。

易进教授对教学目标的设计进行了详细解释，指出教学目标的设计应当从明确目标作用、了解现存问题、明确目标表达途径和现实目标设计几方面进行考虑。首先，我们不应当急于撰写教学目标，而应像写作之前的准备工作一样，先明确教学内容并且对学生的学习结果有一定的预测，从学生的认知水平、现有能力和情感接受程度几方面考虑。

这些思考为确定教学目标和设计之后的教学环节和活动设置指明了方向。

此外，作为教师我们在设计教学目标时要清楚，这节课我们期待学生掌握哪些新知识、新本领。在明确本节课教学内容的同时，理清学生已掌握的相关知识和学习方法，才能写出有效的、明确的教学目标。

结合课例，易教授也指出设计中出现的具体问题，反观自身，我也曾出现过类似的问题。例如：知识目标设计得过于笼统、不够详细或者过于琐碎、容量较大；过程与方法中提及的一些具体内容在教学环节中没有突出体现；教学目标用词不准确等。带着这几个问题我观看了王佳老师的六年级《比的认识》现场课，阅读了相关教学设计和课后反思。

通过学习我发现，相较于第一稿，王老师第四稿的教学目标更加具体，并且在第四稿中每一条知识目标下同时反映出课后对学生的学习期望。同时两稿相比较，第四稿中更加突出《比的认识》中要理解"比是表示两个量的倍比关系"这一重难点。在其他几点中也细化了具体内容，从每条内容中都可以找到环节重点。其中第 1、2、3 条侧重知识技能，第 4 条侧重过程方法，第 5 条侧重情感态度与价值观。这样详细的教学目标内涵更清晰，让人既看到了目标也看到了落实目标的具体活动，教学环节自然而然地也可以基本确定。通过王老师的课例分析，我总结出：教学目标要从笼统走向层次化，教学设计要从重视课堂设计走向关注学生活动。

陈教授对于确立教学目标提出了几点要求：第一，要研读课程标准，把握学科课程内容和学段要求。第二，教师应当通过专业学习提升对学科教学知识的理解和运用水平，包括学科知识的概念、原理、法则、方法和学科思维等。还要了解学生的学科知识基础和基本学习规律，掌握学科知识的教学转化方法，比如情境设置、呈现形式和传授方法。第三，切实做到落实教科书分析和学情诊断。第

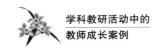

四，把握目标与手段、过程的联系和区别。

活动初期，几位教授的讲座从专业知识方面给了我很大的帮助和启示，让我撰写教学目标的思路更加清晰，对设计重点的理解更加准确。

（三）课堂实践

1. "西城杯"教学共研月

恰逢"西城杯"优质课评选期间，我校开展了"西城杯"好课分享的教学活动。从最初的教学设计初选到现场课观摩，老师们各展所能，结合教材教参课标和日常教学积累向大家展示了自己的教学设想。最终数学学科呈现了二年级《角的认识》、三年级《数字编码》《集合》、四年级《商不变的规律》《平行四边形的认识》《合理规划时间》、五年级《平行四边形的面积》几节现场展示课。课后全校老师围坐在一起，结合老师们的详版教案和赛后说课，从教学目标的确定是否精准，到对应寻找教学设计中的落实环节，大家纷纷提出自己的思考和建议，对精准的目标和得当的教学方法进行分享，对存在疑问的环节进行现场修改。同时我们将相同领域的课放在一起比较教学目标、教学内容和教学方法的制定；对于同类型的课，老师们找其相同点，总结经验，力求找到相关内容在教学设计中可用的共通之处。全部评课结束后每位老师都对以上几节课有了更加深刻的认识。很多老师表示，如果再讲一次，相信自己会有不同的呈现。在这次活动中，我结合四年级《平行四边形的认识》一课展开研究，结合专家和其他学校的老师的课例，将教学目标细化，并与教学内容、活动一一对应，在一次次试讲中实践调整，最终制定了精准的教学目标。

2. 青年教师课例分析

现场课交流活动后，我校青年教师还集体观摩了王佳老师的六年级《比的认识》视频课以及我的《平行四边形的认识》一课的试讲，并结合易教授对教学目标制定的点评展开讨论学习。通过现场课和课后点评，老师们对比了几次教学目标的修改稿，对我和王佳老师的四版教学目标设计进行分析。大家一致认为教学目标最终设计非常详尽，从三维目标的确立到知识目标的细化，最终落实到小目标中的分层目标。清晰的三维目标使我们能够从中发现基本的教学活动流程和重难点突破环节。这样的教学目标设计对于青年教师来说无疑像写作之前的详尽提纲，为一节课的教学设计打下了坚实的基础。

在学习优点的同时我们也在几次修改版中发现了存在的问题，面对这些问题，老师们相视一笑，产生共鸣：或是目标过大不够详尽，或是用词不当导致三维目标的确立混淆，或是目标和教学内容有所偏差。老师们对于自己设计的教学目标出现的问题进行了反思，并选取本学期其中的一节课，按照易教授的分析和王佳老师的最终版教学目标进行了修改，使之最终成为本学期的优质课。

3. **教学实践：《方程的意义》**

通过教授们前期的专业知识讲座和刘京莉教授莅临我校的现场指导，我对教学目标的理解和设计的认知有了很大程度的提升。本学期我就《方程的意义》一课进行教学实践，经历了从初步设计教学目标，找出教学重难点，到深入解读方程教学内容和在学段中的意义，进一步扩充教学目标，之后不断和老师们讨论调整教学目标，最终设计出详细精准的教学目标的过程。

如下：

《方程的意义》教学目标

1. 理解方程的意义。

（1）借助用天平测量苹果质量的生活经验，尝试用含有字母的式子表示几次天平测量苹果质量的情况。

（2）说一说几次测量观察到的苹果和砝码的质量关系，认识到字母可以表示未知的量，数学符号可以简洁清晰地表示天平两边物品的质量关系。

（3）通过观看科学活动视频，借助测量苹果质量的经验，用含有字母的式子表示活动中几次天平的状态。

（4）在式子对比、分类、交流的过程中发现方程的意义是含有字母的等式。

2. 会判断式子是不是方程。

（1）能够利用方程的意义，从许多式子中找到方程，并准确说出其他式子不是方程的理由。

（2）能够结合方程的意义分类思考，把握方程含有未知数且是等式的特点。

3. 知道比与除法、分数的关系。

（1）在理解比的意义的实例中初步感知比与除法、比与分数之间的关系。

（2）通过实例理解比与除法、分数之间的关系。

（3）经历独立思考、合作探究的过程，填写学习单，明确比与除法、比与分数之间的关系。

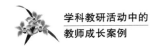
4. 结合生活情境列出方程。

（1）利用天平平衡的特点，体会方程两边的相等关系，帮助学生规范列方程的方法。

（2）观察图片，列出方程，选择易于找到等量关系的情境图，学生自主列出方程，感受列方程的方法和思考过程。

（3）用方程表示数量关系，脱离实物提升难度，通过数量关系找到未知量和等量关系，列出方程。

（4）沟通交流，体会在寻找等量关系时，思考的出发点不同，找到的等量关系和列出的方程会有所不同。

5. 经历观察、比较、交流的学习过程，发现方程的意义。

（1）在初次用天平测量苹果质量的过程中和观看视频写出天平状态的活动中，学生通过观察、交流，用含有字母的式子抽象表示出天平两边的数量关系，初步体会方程。

（2）在将式子分类的过程中，利用比较的方法，寻找式子中的相同和不同之处，并根据不同的分类标准分类，明确方程的意义。

6. 感受涉及数学问题的生活情境的丰富多样，培养学生善于观察、分析的良好学习习惯。

（1）通过观察图片，列出方程和用方程表示数量关系，让学生从丰富的生活情境中找出未知量和等量关系列出方程。

（2）在交流的过程中发现，同一情境下列出的方程可能不同，激发学生的学习兴趣，培养学生分析、思考的良好学习习惯。

在制定教学目标之初，我对本节课进行了知识分析。《方程的意义》是一节数学概念课，是在学生熟悉了常见的数量关系，能够用字母表示数的基础上进行教学的，对学生而言是数学思维认识上的一次飞跃，理解起来有一定的困难。因此，在设计教学目标时，我把理解方程的意义作为教学的重点。在目标定位上不仅仅是让学生了解方程的意义，能指出哪些是方程，更多的是思考学生对方程的继续学习和发展，以及注重教学中知识的渗透。同时结合对学生数学核心素养的培养，将本节课的重点放在培养学生理解和应用抽象符号的意识上，完成由计算思维到代数思维的过渡。

在整个学习过程中，需要借助天平平衡与不平衡的现象列出表示等与不等关系的式子，为进一步认识等式、不等式提供观察的具体材料；然后引导学生对式子分类，建立方程的概念；最后引导学生分析，判断，明确方程与等式的联系和区别，深化对方程的概念的认识，使学生亲身经历知识的形成过程。揭示了方程的意义后，借助学生的日常生活经验，利用具体的问题情境去帮助学生寻找相应的等量关系，构建"方程"的概念。在本课教学过程当中，我抓住了方程的两个特点：一是含有未知数，二是它是等式。

制定教学目标、确定教学环节、进行课堂实践后，我们马上进行了课后练习分析，通过分析我们发现：全班同学都可以根据关系式正确列出方程；其中 12 人可以根据不同的等量关系，列出不同的方程；其中 16 人可以先写等量关系式再列方程；在解决（3）（4）（5）题时，各有 5 人列方程时将数量放在同一侧，在解决（2）（6）题时，9 人将数量放在同一侧。在这节课中，学生充分理解了方程的本质，课堂气氛活跃，参与度高。

从反馈中我们可以发现本节课达到了很好的教学效果，落实了教学重点，突破了教学难点，这和我们制定了精确的、详细的教学目标是密不可分的。

三、项目后的成长与收获：关于教学目标设计的思考

（一）以学生为主体

在设计教学目标时一定要以学生为主体，因为目标的行为主体、主要实施者和接受者都是学生。虽然在制定目标的过程中有这个意识，但是有时候在落实的过程中存在偏差。在实践中，我们经常容易从教师自身出发，产生"我认为……这样设计目标学生更容易接受"的想法，这使教师的主观色彩非常浓厚，无意识地以自我为主体制定目标。这样制定的目标其实让学生处于被动地位。由此，有一些专家指出，教师可以认为制定教学目标其实是制定学生的"学习目标"，以学生学习的目的为出发点，更好地落实以人为本的教育方针，确保学生的主体地位。

（二）以教材为客体

学生是制定教学目标的主体，所要学习的教学内容（教材）则是客体。我们总说教材是载体，因为它不仅是教师教授的内容，同时也是学生所学的内容。教

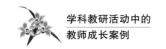
师制定教学目标不仅要从学生学的方法策略方面考虑，也必须清楚客体的内容（详细内容、重点内容、难点内容）。教师明确教学目标的客体就是学科知识及其所蕴含的学科思想、学科思维，甚至学科精神。与此同时，教师研读教材和学生研读教材应该有明显的区别，如果我们也仅仅停留在"知道教什么、可以怎么教"的层面上，那么和学生"知道学什么、可以怎么学"有什么区别？所以除了对教材有基本的掌握外，作为教师，我们还应当有贯通教材的能力。面对一课的内容，之前学了什么，之后要学什么；低年级用什么方法学习，中高年级将要怎么学；今天要学什么，明天如何拓展等等，这都是我们要"读懂读通"的内容。

（三）关注学生学习策略

明确客体内容是制定知识目标的要求，设计教学过程与方法则是实现目标的具体策略，即通过什么样的方式学习。根据知识内容的不同，选择不同的学习策略和方法技能勾连教与学是尤其重要的。同一个知识内容，受学生积累的知识、经验方法、能力水平的影响，选择的方式方法也有所不同，因此最终学习所用时间、达成效果也有所差别。结合班级学生具体情况，作为教师首先应该让学生认识到达成学习目标有很多种方式可供选择；其次，有的方式是更加高效的，有的方式可能更加通用，应该通过不同的方法产生更多的活动体验。关于这一点，我们可以参考《基础教育课程改革纲要》和《义务教育数学课程标准》里面详细的数学不同领域可使用的学习方式，并且结合不同学段提出相同学习方法的不同水平要求。比如对于平行四边形的图形认识，学生可以通过自主探究、小组合作、动手实践等方式完成基础知识的学习。准确制定教学目标中的过程与方法，由此延伸出教师的教学流程与学生的学习流程，进而在此基础上确定教学方法与学习方法。

（四）考虑落实条件

确定了教学目标中教师教什么、学生怎么学以及两者之间的联系之后，还要考虑教与学的方法是否切实可行。如果说教师教的水平和学生的学习能力是内因，那么能够在课堂中落实的条件则是外因。比如："通过动手操作经历认识的过程"，在课堂中教师可以提供给学生便于操作探究的实际图形，那么这样的教学目标就是可以具体落实的。如果在教学目标中提到利用几何画板直观感受图形特点，则需要学校配备相应的多媒体设施，同时教师需要熟练掌握几何画板的使用方法。这些是落实教学目标的外在因素，在设置教学目标时也要将其考虑在内。

（五）明确落实效果

明确教学目标落实的效果，也就是在提出具体教学方式的同时表达出对应能够落实的程度。比如：动手操作，经历认识图形特征的过程，体会探究图形特征的思想和方法，发展空间观念，积累图形探究的数学活动经验。其中动手操作活动的过程能够让学生发现图形边和角的特征，在折叠、测量等过程中也回顾、积累了认识直边图形的方法，回顾了已学习图形的探究方法，也为之后认识多边形积累经验。此外，在操作过程中通过观察比较，直观地让学生发现图形特点，发展了学生图形想象力，最终实现情感态度与价值观目标：感受图形之间的区别与联系，激发数学学习的热情。学生积累的经验增多，探究的方法更加丰富，则会更喜欢研究类型相似的新知识，因为已有的经验方法能够让他们从中获得成就感。教学目标有设计，对于目标的落实有预期，这样目标才不会设置过高，让学生觉得"够不着"；也不会太简单，让学生觉得"没意思"。

（六）教学目标不是独立的存在

在学习教学目标设计理论知识和实践的过程中我发现，制定精准的教学目标是把握一节课的基础源头，并且也不可能完全脱离教学内容和教学过程。不考虑教学内容的选择和教学过程的实施，教学目标的设计也会出现存在偏差、无法落实等问题。所以以三维目标为基础，设计详细的教学目标能够很好地检验教学目标的准确性、有效性、全面性。

比如：探究活动中学生掌握平行四边形的特征及各部分名称。学会画平行四边形的高，体会底和高具有相对性。

初步设计目标后，我将知识目标二次细分。

1. 探究活动中学生掌握平行四边形的特征及各部分名称。

2. 学会画平行四边形的高，体会底和高具有相对性。

根据知识目标中的两个具体目标选择教学内容，设计教学过程，最后完善目标：

1. 探究活动中学生掌握平行四边形的特征及各部分名称。

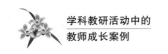
（1）通过观察、操作、讨论、归纳概括等活动，发现平行四边形边和角的特征。

（2）认识长方形和正方形是特殊的平行四边形。

2. 学会画平行四边形的高，体会底和高具有相对性。

（1）认识平行四边形的底和高，能够根据条件找到对应的底和高。

（2）会画平行四边的底和高。

（3）理解平行四边形的高有无数条。

这样制定教学目标会发现教学目标精准详细，不仅对教材内容把握准确，也与教学过程一一对应，一下就能够发现每一个目标是不是有恰当的教学活动落实。

附录

（1）精品校联盟参与活动记录

①青年教师展示+专家评课

教学内容：

五年级下册《分数的意义》

四年级上册《平行四边形的认识》（本人执教）

四年级下册《平均数》

五年级上册《方程的意义》（本人执教）

五年级下册《分数的基本性质》

②活动案例交流+专家评课

教学内容：

二年级下册《轴对称图形》中认识轴对称图形环节

一年级下册《找规律》中认识规律环节

③教授专家专题讲座

北师大刘京莉教授点评青年教师教学案例撰写情况

西城区研修学院教研员解答教师疑惑，针对单元起始课提出建议

北京市教育科学研究院刘延革老师指导复习课教学

刘京莉教授线上多次点评、指导、修改《方程的意义》一课

（2）三年内获奖记录

①微研究《思维导图在小学中年级阶段中的"启蒙"教学研究》荣获西城区第 23 届征文评比三等奖

②2020 年在区级研修活动中参与期末复习课例研究，荣获好评

③2020—2021 学年度荣获"西城杯"校级教学设计一等奖

④2020—2021 学年度荣获"西城杯"校级展示课一等奖

⑤2021 年《精推敲、细研磨，锁定教学方向制定精准的教学目标》获北京市西城区小学精品校联盟项目优秀研究论文评选一等奖。

⑥2021 年《课前课后的学情分析——正确认识分析在教学设计中的作用》荣获北京市西城区教育学会优秀案例评选三等奖。

（3）专家点评

从高天老师的项目总结中，我们可以看到：教师的专业发展，就其途径和方式而言，除了外在因素的影响外，更多偏重个人，内因在自我发展过程中起着决定性作用。只有最大限度地激发自我发展的意识，挖掘自身获得发展的有效途径，人生价值才会得以实现。

在大学研究者的分享基础上，高天老师及时总结，提炼自己的实践经验，认识到了备课充分不仅仅是研究教材、教参，同时要对学生有准确的把握。只有了解了学生对新知识掌握的程度才能真正根据学情制定教学目标，设计层次相当的教学活动，这样学生在具体操作时才不会因过难而放弃或因过易而感到无趣；加强专业知识积累，即要把过去的专业知识"捡起来"用在课堂上，这样才能让课堂更加科学、严谨。同时，高老师深刻体会到：教师是一节课的设计者、引导者，而学生才是一节课的主要参与者。知识是不能传递的，教师只是信息的搬运工，通过语言、文字、操作进行搬运，学生在这个感受的过程中构建知识体系，从而内化吸收。同时，高天老师还强调了作为教师在一节课中除了有引导性的语言还要确保有评价性语言，比如针对学生个人、针对小组活动的客观点评、鼓励评价和提升性建议等，这些都是促进有效学习的策略。

教师反思就是以自我叙述的方式来反思个体的教育教学活动，其目的是通过反思来提升自己对教育理论及规律的认识，进而提高教育质量。教师反思不仅是教师对日常教学行为进行反思、自我提高的过程，而且是教师内隐的个人教学实践知识得以凸显的过程。

通过对高天老师教学反思的分析，我们可以进一步发掘或解释隐含在这些故事背后的教育思想、教育理论和教育信念，教师只有通过实践，发挥自身内隐的知识，使教师成为研究者，才会促使像高老师这样的教师更加专业化。这种反思

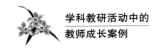
也有利于高老师研究和审视自己从而能够觉察自己内隐的教育观念，促使他有意识地把自己的言行举止、活动表现作为研究对象。

　　教育教学反思走进了许多像高老师这样的优秀青年教师的日常生活，促进了教师的专业自主发展。因此，教育教学反思是促使教师的研究素养发展的有效方式，是使被教师"缄默"的个人化知识得以显现的有效途径。

第八章

五路通小学张梦琪
个人成长案例

北京市西城区五路通小学成立于1960年，60多年来学校始终以治学严谨、成绩优异而著称，教育教学质量始终保持在区内较高水平，是一所家长满意、业内认同、社会认可的优质特色学校。学校以文化铸魂，确立了以"尊重生命，学生、教师、家长共同成长"为核心的五彩文化。具有"热爱情怀、阳光心态、尊重品格、广博知识、创新精神"的五彩教师培育着具有"热情大方、活力四射、懂得欣赏、上下求索、富于梦想"的行为品质和"自我管理、学习进取、团队合作、全球视野、创意思维"的核心素养的五彩少年。每一个走进五路通小学的孩子都将从五彩之路起步，扬起梦想之帆，驶向幸福的彼岸。

一、入项前的自我分析

2016年7月，怀着对教育的梦想，刚刚大学毕业的我捧着一颗火热的心来到了五路通小学，踏上了神圣的讲台。

初入职时，我利用暑假时间仔细地备课，品教材，读教参，向老教师请教教学教法，但对于教学目标也只有一些浅显的认识。我知道教学目标指在教学活动中期待学生获得的学习结果。教学目标和教学过程应该具有一致性，教学目标是教学过程的主导方向，所有的交流环节都应该是围绕着目标去展开的，每个环节的设计都是为了更好地实现教学，教学过程是为了实现教学目标而服务的。但在实际制定过程中，我往往需要借鉴他人的经验，缺乏自己的深入思考及研究。因此，我制定的教学目标常常不够准确，导致课程目标与教学目标存在较大的差距，缺乏针对性，无法确定学生应该达到的能力要求，难以在教学活动中发挥出实际价值，教学活动的开展难以达到预期的效果；另外，我在制定教学目标时，常常忽略了三维教学目标的联系，基本上只是按照一维教学目标向学生进行教学内容的讲解，而忽视了学生发展对于教学目标提升的实际需要，导致教学效果不太

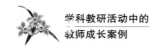

理想。

如果说教学目标是方向，那么及时反思和梳理教学案例，一定可以帮助我们青年教师审视、评价、分析自己，从而修正自己方向上的错误。参加项目前，我在我校语文组老师的带领下，常常对自己教学过程中印象深刻的环节进行反思和梳理。我知道，撰写教学案例的过程，就是重新认识教学事实的过程、研究的过程、总结的过程、提高的过程。但是，要想完成一篇高质量的案例分析，还需要掌握写作方法，同时有足够的教学理论作为支撑。有时，我感到教学理论修养不够，分析教学案例力不从心。学会如何确定教学目标以及如何书写教学案例是我们青年教师成长的必经之路。

二、项目中的经历与成长

（一）现场展示，启迪内心

作为一名青年教师，我非常感谢学校和项目组给我这样宝贵的学习机会，参加项目以来，每种形式的学习都让我受益匪浅。2019年3月，在我校项目启动会上，我做了四年级下册课文《鱼游到了纸上》展示课。导入课题时，我先让学生回顾课文主人公是什么样的人，初步感知人物形象，顺势提出问题：鱼是怎么游到青年的心里的？品读课文时，我通过多种形式的朗读让学生体会人物品质，并逐渐渗透写作方法。学生通过与前文联系，解读句意，体会到青年的专注与坚持。我运用指读、评读、接读等多种形式，引导学生感悟"鱼游到纸上"与"鱼游到心里"的关系。课后，我校两位校长、骨干教师及项目组的青年教师围坐在一起，共同聆听了易进教授的点评。易教授指出：教授《鱼游到了纸上》一课时引导学生运用多种方式朗读，将读与写结合，并整合了本单元其他课文，设计思路好。教师准备充分，语用部分让学生先修改，而不是直接写，有支架，难度处理得好。通过校长与教授的点评，我明白了老师在授课过程中，应该在写作方面帮学生搭建阶梯，尊重学生的独特感受，这样不同水平的学生在写作上才会有自己的收获。

2019年9月，我开始任教一年级。低年级的语文学习无论是在方法上还是内容上都与中年级大相径庭。同年10月，我做《秋天》一课，与之前的识字课不同，这是一年级学生学习的第一篇长课文。在识字、写字的基础上还要了解自然

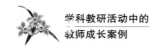

段，要让学生初步了解秋天的特征，知道秋天是一个美丽的季节。本课教学任务多，斟酌教学内容及重点难点时耗费了我很多精力。于是，针对一年级学生的心理特点，我选择创设情境，引导学生从生活中感受秋天的美，激发学生的学习热情。接着，运用猜字谜等多种方法识字，学生兴趣盎然，在玩中学，在玩中领悟。落实了识字目标后，我让学生学会看课文插图，图文结合，加入自己的生活体验，从而感受秋天的美，并且通过有感情地朗读表达对秋天的喜爱之情。最后，教师再次用优美的语言激发学生对秋天的美好向往，让学生继续到大自然中观察，探索，并学会记录美好。

课后，我结合自己的授课思路和课堂教学效果进行了简单的说课，易教授就此进行了细致的点评。例如：在本课的教学中，教师能够将字、词、句的教学落实，将重难点贯穿于整个教学过程中，引导学生尝试运用多种方法识字，会给生字找个"朋友"组个词，让学生在不断学习中巩固记忆。教师能够抓住学生的学习兴趣，创设教学情境，带领学生走进课文，激发学生热爱大自然的感情。但同时易教授也提出：教师还要多关注学生的已知和未知，课堂上应该有更强的互动性，让更多的孩子有所提升，获得更多的知识。

结合两节课的点评，我明白了教学过程主要由教师、学生、教学内容和教学手段构成，在课堂教学中，学生是主体，教师是主导，课堂教学设计应以学生的"学"为出发点，把学生作为目标主体。这也为我对教学目标和教学过程的认知种下了一颗种子。

（二）线上培训，指引方向

做课的经历使我快速成长，而积极参加培训学习、不停反思积累成为了我成长路上不可或缺的一盏明灯。2020年至2021年，我多次参加了项目组"教学目标研究总结与案例撰写建议"的培训。在培训中，易教授用不同的课例细致地讲解了如何制定教学目标，强调了语文课堂教学目标必须把知识、技能目标和情感、态度与价值观目标结合起来。课堂教学目标的行为主体是学生，教学目标陈述的应该是学生的学习结果，即陈述通过教学学生会做什么或会说什么，而不应该陈述教师做什么。例如：陈述目标时使用"使学生……""提高学生……""培养学生……"等是不符合教学目标的陈述要求的。在陈述知识与技能目标时，不宜使用含糊不清的词，如"了解""理解""掌握"，而应使用含义具体明确的词，如

"理解""掌握"到什么程度，会"运用"到什么水平。

易教授讲解的内容让我恍然大悟；几次的线上学习让我确立了对设计教学目标的正确认识：教学目标不是一成不变的摆设，它应该是学生预期的学习结果，是教师教学活动的方向和灵魂，也是课堂教学质量评价的基本依据和重要标准。教学目标设计是否科学，直接影响到学生的学习积极性和学习效果，同时也影响着教师的教学行为和教学效果，体现着教师的专业素养。可见，设计清晰、科学、合理的教学目标，是实现教师高质量教学、学生高质量学习的先决条件。所以，我也对自己之前执教的《秋天》一课进行了反思。

例如：1. 会认"秋、气"等 10 个字，认识"木、口、人"3 个偏旁，初步掌握一些识字方法，会写"人""大"两个字。

这是培训前我制定的教学目标，我先让学生掌握长课文的预习方法，接着利用一些识字方法激发学生的识字兴趣，使学生带着浓厚的兴趣去识字。通过课堂上学生的表现，我发现预习的方法学生很快就能够接受，也可以为以后长课文的学习打下基础；但识字部分的学习还不够扎实，因为识字方法有些单一，学生的识字兴趣没有达到最高点，教师就着急地让学生进入课文的学习了。教学目标的制定没有突出学生的主体性，表述不够具体，难以达到教学要求。

培训后，我再次立足课标要求和教材分析，了解学情，对此教学目标进行了修改：1. 通过看图片识字、猜谜语识字、做动作识字等方法认识"秋、气"等 10 个字；借助字义，认识"木、口、人"3 个偏旁，能正确书写"人""大"两个字。

通过创设情境，营造了识字与教学的良好氛围；在识字方法上进行归类，用多种识字方法充分调动学生识字的兴趣，拓宽了学生对识字方法的认知；在识字过程中加入了对字义的解释，更有利于学生认识偏旁。整节课学生做到了乐于识字、主动识字，从而激发了学生从生活中识字的兴趣。

（三）实践反思，专业发展

1. 精准定位，以生为本，制定层级教学目标

布卢姆指出："有效教学始于准确地知道需要达到的教学目标是什么。"因此，一堂课的教学目标是教学活动的根本方向、灵魂和终点，教学过程中每个环节的设计都是为了更好地实现教学目标。

《传统节日》是部编版二年级下册的一篇识字课，培训前，我通过了解教材和学情，初步将教学目标确定为：

（1）认识"传、统、贴、祭"等 15 个生字，会写"贴、街、团、闹"等 9 个生字。

（2）正确、流利、有感情地朗读课文，初步背诵课文。

（3）知道传统节日的时间顺序，了解传统节日的习俗，感受传统节日中悠久的文化。

培训后，我又细致梳理了小学 6 个年级的语文要素和人文主题，对教学目标进行更精准的定位。例如：纵观低年级识字单元中语文要素的发展，由认识象形字到了解形声字的构字规律再到自主阅读、识字写字，学生的学习目标有了多次提升。《传统节日》作为最后一个识字单元中的课文，要求学生知道偏旁之间的关联，建立生字音、形、义之间的关系，灵活掌握识字方法，为中年级的自主识字打好基础。横向对比本单元的四篇课文，教材分别从不同的维度出发，引导学生在不同的语境中识字，让学生了解祖国的壮丽山河、历史悠久的节日、内涵丰富的文字和各具特色的美食，引领学生感受中国传统文化。四篇课文的课后题纷纷指向词语积累和课文的朗读、背诵。由此可知，学生的认知发展应该是由识字到理解词语含义再到感知课文内容，从而初步感受中华优秀传统文化的魅力。对教材和学生的细致了解，是确定教学目标和教学过程的第一步。教学过程中能否有效地实现教学目标，最终还是要通过对学生的测评才能知道。在教学过程中，多样的识字方法得到了听课老师们的肯定。通过对字形字义的了解，学生能结合课文内容和生活实际介绍自己熟悉的节日，但对于不太熟悉的节日记忆较难。课后题中出现的按时间顺序给传统节日排序，结果呈现出了"两极"现象，有一些孩子课外知识丰富，对传统节日的了解就会多一些，所以梳理和记忆的过程就比较容易；但有一些孩子生活经验较少，很容易混淆传统节日的日期，靠死记硬背完成练习，难度较大。

通过培训中对教学目标的学习，我反思了制定教学目标中出现的一些问题：第一，低年级学生学习经验不足、个体差异大，要分清层级目标，不拔高。第二，要突出学生的主体地位，教师可以给学生搭梯子，但不能代替学生主动学习。于是，针对学情，结合教材，我再次修改制定了本课教学目标。我将教学目标修改为：

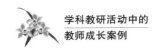

（1）利用韵语、形旁与字义的联系，通过图片识字、字理识字，结合生活实际等方法认识"传""统"等15个字，观察并写好"贴""街"等9个字。

（2）正确、流利地朗读课文，在语境中理解"大街小巷""祭扫"等词语的意思，能在老师的提示下背诵课文。

（3）知道传统节日的时间和名称，能借助日历给传统节日排序。

（4）结合课文内容和生活实际，借助古诗，了解传统节日习俗，对中国传统文化产生兴趣。

教学环节也随教学目标进行了调整：借助古诗，让学生了解传统习俗；学生在有声有色的背诵中，加入了自己的理解。引入"日历"这个小帮手，让学生在日历中圈画出传统节日的日期，帮学生认识农历。学生通过动脑思考、动手操作，在翻日历的过程中感受时间的变化，很快就发现了节日的排列规律，在主动学习中排序，正确率非常高。教学目标的改变不仅让教学难点得到了突破，教学过程更加顺畅，学生对传统文化也产生了浓厚的兴趣，教学效果比预想中还要好。

培训的过程就是自我认知的过程。通过培训，我更加深刻地理解了"教学目标不是孤立存在的，它与前面所学的内容有关联，也与后面将要学习的内容有联系，是一组教材、一册教材，乃至整个教学链条中的一个环节"这句话的含意。在今后的教学中，我会更加认真地研读课程标准，按照纵向梳理、横向对比和精准定位的方法，确定课时目标，展开相关教学。只有教师的目标意识增强了，教学目标达成度提高了，课堂教学的有效性才能得到明显提高。

2. 理论联系实际，日积月累，完成优秀教学案例

教师撰写教学案例，是教师不断反思、改进自己教学的一种方法，能促使教师更深刻地认识到自己工作中的重点和难点，这个过程也是教师成长的过程。但是，说来容易做来难。培训前，科研课题给我的印象就是难度大、深度广，而自己日常积累少，对理论知识掌握不够，不容易找到写作的角度；对文章结构把握不准，逻辑不明确，有时候突然灵感爆发，但是下笔时，却又不知如何表达，只觉得文章空空荡荡，实质性不足。遇到多篇课文对比梳理就更难了，每篇课文备课时间长短不一，多数教学环节已经记不清了，凭借着一点一点追忆进行梳理，最后整理成文章。每当看到别人的文章洋洋洒洒、有理有据，我就深感差距之大，无地自容。

参加培训之后，我对教学案例和论文的写作有了更多的了解，得到了很多的帮助。我知道了教学流程式论文和案例一定要与众不同，可以根据自己的专业和兴趣方向确定选题，题目的入手点要小，要新。案例要具有模仿价值，能够提高课堂教学质量，而教学观点式论文的写作要有针砭时弊的感觉。选题尽量找到实践当中的一个"槽点"，重点在于讲清楚理由，而不在于阐述观点。教学案例是教师教学行为真实、典型的记录，也是教师教学理念和教学思想的真实体现，很多优秀的教学案例和论文都是从实践当中来的，因此是教育教学研究的宝贵资源。当然，文笔优美、句式整齐、结构严谨、见解独特的妙文佳作不是凭空出现的，而是靠不断地学习、不停地练笔磨炼出来的。"高山不弃杯土，故能就其大；江河不涓细流，故能成其长。"教学研究能力的提高同样要靠天长日久的学习和积累，我们在日常上课中，更应该积极地去记录。

撰写教学案例的过程是将来自外部的教育理论与指导自己教学实践的内在教学理论相互转化的过程，可以为自己之后的教学提供比较丰富的实际情境，有利于在教学中理论联系实际，有利于培养分析问题和解决问题的能力。于是，我开始试着将过去写过的教案、案例和论文进行整理，回忆自己在做课时遇到了哪些问题、是怎样解决的、学生能否达成教学目标、教学目标做了哪些修改等。在梳理的过程中我会找到这些课例的相同点和不同点，也会找到每一篇课文的独特之处，多问自己几个为什么，不断挖掘写作的切入点。

除此之外，通过学习，我对开展教学研究或者做科研课题更有信心了。写作是一种智力活动，需要积极的思维，更需要积极的心态。写作不再成为我的负担，反而是实现自我反思和进步、成为学者型教师的一种方式。在写作的过程中，我能不断提高自己的文字表达能力和理论水平，思考问题也更有深度了，能将课堂中有意思的环节客观地进行记录。这不再是一种任务，而是一种自我满足。回顾过去，有收获，也有不足，但我都会觉得很开心，因为在这个基础上我会对自己有更高的要求，在下一个学期我就有了明确的努力目标，明确哪些方面还需要进步，哪些方面还要保持，并在接下来的教学活动中提高自己。写作的目的不仅仅是教会学生学习，还有不断地自我学习，从而成就更为优秀的自己。

精准定位教学目标、关注教学过程与教学目标的关系，从而提高课堂的有效性、提升学生的语文素养是我参加培训以来最大的收获。但在我的教学中，有时方法和策略还欠缺指导。未来，希望能有机会继续与易教授一起备课、磨课，能够在专家一对一的指导下继续打磨自己。

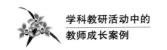
"人生的每一次付出，就像是在山谷中的喊声，你没有必要期望谁能听到，但那绵延悠远的回音，就是生活对你最好的回报。"静心梳理入职五年来的成长与变化，感谢学校领导和项目组专家的培养和指导，让我在师德、能力、专业知识等方面都有了不小的进步。参与项目培训以来，我多次做校级公开课，多篇教学案例、教学设计及论文在市级和区级活动中奖项。其中，教学案例《我是如何确定教学目标的》发表于《北京教育》2021年第12期。我知道，教师这份职业，辛苦大于荣耀，是一份沉甸甸的责任更是教书育人的伟大使命。只有教师深入研究教材教法，制定准确的教学目标，才能在全方位了解学生学习需求的情况下提高教学质量和效率，为学生未来的发展打下坚实的语文基础，同时也让中国优秀传统文化能够一代代长久地传承下去。未来，我将继续用心付出、用爱滋养，培育我校五彩少年茁壮成长！

附录：

（1）项目实施大事记与教师获奖成果

2019年3月，"精品校联盟"启动会，做课《鱼游到了纸上》。

2019年5月，做组内研究课《鱼游到了纸上》。

2019年6月，撰写教学案例。

2019年9月，参与讲座"教学案例反馈及教学改进小课题研究设计"。

2019年10月，参与第二次"精品校联盟"活动，做课《秋天》。

2020年1月，学习怎样撰写教学案例，修改教学设计。

2020年1月，撰写《多元化识字的教学设计与改进——以〈秋天〉一课为例》获北京市西城区小学精品校联盟项目优秀教学案例评选一等奖。

2020年9月，撰写的论文《运用多种方法培养低年级学生自主识字的能力》获北京市首届教师"基本功与智慧"教育教学研究成果三等奖。

2020年10月，参加北京师范大学小学教育研究中心第五届小学教育学术研讨会，作为"小学教育综合改革创新"分论坛发言嘉宾，发言题目为《疫情背景下，如何有效开展教育教学工作》。

2020年12月，撰写的论文《疫情背景下，如何有效开展教育教学工作》获北京市教育学会小学教育研究分会"疫情背景下学校办学品质提升的创新实践探索"征文三等奖。

2021年1月，教学目标研究总结与案例撰写建议。

2021年2月，撰写本学期学习体会及教学案例。

2021年5月，撰写的文章《教学目标研究的教学案例：〈传统节日〉》在北京市西城区青年教师论文比赛中获一等奖。

2021年5月，教学设计《日月潭》在中小学统编语文教材"三优作品"评比中获二等奖。

2021年6月，学习周序老师的讲座"教师如何撰写论文"，并撰写学习体会。

2021年7月，撰写论文《教学目标设计的改进策略》。

2021年7月，撰写《我是如何确定教学目标的》，发表于《北京教育》第12期。

（2）专家点评

对于教师，特别是青年教师来说，反思是一种有益的思维和再学习活动。深度反思可以改进自己的学习方式，比如教师由此可以将培训、阅读过程中获得的理论转化为对教学实践问题的思考，重新审视该理论与实践的关系，从而感受到学习理论的意义和价值所在。

张梦琪作为入职不久的青年教师，通过自己的教学初试，明白了职前教育所学到的"教学公式"——教学过程主要由教师、学生、教学内容和教学手段构成，在课堂教学中，学生是主体，教师是主导。但这条公式如何运用到课堂教学当中，却不是仅凭几堂课就能做到的。通过易老师的点拨，张梦琪老师认识到了教学设计应以学生的"学"为出发点，把学生作为目标主体。

张老师写到："培训的过程就是自我认知的过程。通过培训我更加深刻地理解了'教学目标不是孤立存在的，它与前面所学的内容有关联，也与后面将要学习的内容有联系，是一组教材、一册教材，乃至整个教学链条中的一个环节'这句话的含意。"通过项目学习，大学研究者的教育理念和专业素养在一定程度上影响着张梦琪老师反思的深度。这种基于教学理论的反思融入自己的教学实践和教育思想，使得张老师认识到什么才是真正的有效教学反思。"如何才能精准定位教学目标、关注教学过程与教学目标的关系，从而提高课堂的有效性、提升学生的语文素养是我参加培训以来最大的收获。"由此可见，张梦琪老师深度反思，力求从自身的教学实践出发，以相关理论为指导，进而解决实际教学中的理论困惑，使理论和实践能够达到高度的统一，让实践实现质的飞跃。

张梦琪老师通过自己在培训过程中的反思，逐步深刻地认识到：教学包括教

师的教和学生的学。从教师和学生这两方面来进行维度划分：教师方面可以从教学前分析（包括教学设备、教材、学生）、教学目标设计、教学活动安排、教学实施过程、课堂评价方式等维度来一一分析各个环节；学生方面可以从学生对课堂知识的掌握情况、学生的参与度、学生能力的培养（如思维能力、表达能力）这些维度来分析。对学生方面的反思，可以使教师及时了解自己的教学效果，同时又能使教师反思自己的教学方法和教学过程，思考教学中存在的真实问题，分析原因，再进行整改。"教"是为了"学"，"学"离不开"教"，要在"教"中看"学"，在"学"中思"教"。所以为了增强教学效果，教师必须在教学前、教学中、教学后进行全面反思，反思教学前的准备工作是否到位，教学中的各个环节是否衔接得当、活动设计是否合理、实施过程是否顺利，教学后的反思要精准、全面，并且便于今后教学中的落地执行。

著名教育家叶澜教授曾经说过："一个教师写一辈子教案不一定能成为名师，但一个教师如果写三年教学反思则有可能成为名师。"反思是促进教师成长的关键，它能提高教师的教育教学水平，也能解决教师在教学实践中遇到的真实问题，还能让教师沿职业规划的方向走得更坚定、更专业化。所以教师要通过多个途径来培养自己的反思能力，以提高自己的教学水平。

第九章

奋斗小学齐艳

个人成长案例

北京市西城区奋斗小学于1940年由傅作义在宁夏黄渠桥创办。奋斗小学在抗战烽火中诞生，在党的哺育下成长，在改革开放中壮大。目前学校一校三址，总建筑面积31407平方米，占地面积24321平方米，截至2021年9月，学校共有97个教学班。

学校以"奋斗担当未来"为办学理念，提出"平和质朴、坚韧担当、灵动创新"的育人目标，建立"脚踏实地、群策群力"的管理文化，营造"守正出新，精业笃行"的教师文化，塑造"心明身健、诚和坚韧、力行自强、智慧创新"的学生文化，同时打造"家校合育、内外兼修、共享成长"的家校文化。

一、入项前的自我分析

"成长"一词，好像新教师说的更多。而作为一个从教马上满14年的语文老师，说自己在不断"成长"，我却觉得再贴切不过。因为自从两年前有幸加入"精品校联盟"项目组，我一直在感受成长的快乐。

加入项目组时，正是我任教低年级的第二次轮回。在此之前一直任教高年级的我，对低年级的教学经验不够丰富，恰巧学校为老师们提供了这次难得的学习机会。我非常幸运地参与其中，成为项目组团队中为数不多的"老"教师。

二、项目中的经历与反思

（一）专项主题教研，感受学习之乐

自加入项目组后，我就开启了主题式的专业教研之路。每个学期的一次主题教研活动，让我能紧跟最新的教育教学理念。我们的项目组是由不同学校、不同

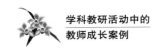
学科的老师们组成的，因此，在聆听培训的过程中，我们实现了真正的跨越学科的更综合、更全面的学习。

早在2019年，我们就通过曾琦教授的讲座了解到：学习不只是单纯的智力活动，而是综合的心理活动，不仅涉及认知加工过程，还有情绪体验、意志努力等非认知过程的参与。

曾教授指出：每个学生在参与课堂活动的时候，他不光是开动脑筋，他还有情感的投入。学生为什么会厌倦学习？因为学生是有情感的。学生对机械的训练会感到厌恶，感到厌恶之后，他很难进入一个学习的状态。所以，作为老师，我们在教学当中要重视学生从行动上呼应我们，或者说希望学生跟上我们思维的步调，更需要关注他们在情感上能否有共鸣，能否触发他们的思考。

曾教授还通过分享美国教育心理学家班杜拉的波波玩偶实验，生动形象地告诉我们：学习不等于模仿，而是一种内在的变化。比如我们在教学当中所说的培养学生的思维模式、价值观、审美情绪，这些都是内在的变化。学生没有表现出模仿的行为，不等于他们没有学习。而有时候他们可能在模仿，却未必真的发生了学习。

随着参与不同的课题，不断地学习，再回忆曾教授的讲座，我越来越深刻地认识到脑科学对于课堂教学的重要性。我们只有了解了学生，按照符合规律的方式去展开教学活动，我们的课堂才是鲜活的，我们的学生才真正有所收获。

我至今还清楚地记得当时两天的集中学习，真的收获满满。新的学期，我将所学运用到课堂上，带着思考进行课堂实践，取得了不错的效果。

"学高为师，道高为范。"作为教师，我们每天伴在学生左右，更要做好学生的榜样。曾教授也说：教师的榜样行为，即教师的身教对学生行为的影响是非常显著的。作为老师，我们会有意识地向学生传授积极学习的内容，但是我们不经意的行为有时却和我们言传的内容不一致。曾教授还指出：口头的劝说只能影响儿童的口头行为，对他们的实际行为往往很难产生影响。在实际的教育教学中，我也深刻地感受到了这一点。作为教师，我们要时刻用自己的行为去影响、感染学生。

2020年疫情的到来，打破了我们常规的教育教学方式。但是，我们并没有放弃项目组给我们提供的学习机会。我们先后通过多种线上形式，开展直播讲座和视频录播的学习。

从"有效的课堂教学的特征与评价"到"学习能力和学习动机"，从"核心素养与学科教学"到"深度学习的意义",从"学习活动的特点对教育的启示"到"着眼学生发展的学科教学改进",我们早早地通过这样的专题式学习,走在了教育学习的最前列。

现在,我仍然得益于从专家处学习来的理念和相关方法,在课堂教育中不断尝试着,从学生主体的探究到教学评一体化的尝试,从语文学科素养的培养到精细课堂学生学习活动的设计,我的课堂越来越活跃,我的学生也越来越自主。这里面受益最多的我,则一直在这个过程中不断成长,不断进步。

(二)专家直接对话,感受辅导之乐

作为一个有一些教学经验的教师,我有时也会被自己的经验所羁绊。语文统编教材刚开始使用的时候,面对新的学生,新的教材,我感觉有时会不知如何教学。教材如何用?课堂活动如何设计?核心素养如何体现?……各种问题在我脑海中盘旋。有的时候在备课的过程中,我就会陷入经验中,忽略统编教材的双线主体地位。

但是也非常幸运,新教材改版后不久,我就加入了项目组。而项目组根据不同学科,为我们配备了北师大教授作为我们的指导老师。有了这么强大的后援支持,我感觉更加幸福。是的,幸福,因为易进教授不止一次走进校园,走进课堂,倾听现场课,给我点评和指导。疫情来临后,易教授又利用观看课例视频、邮件回复的方式,对我的教学设计进行有针对性的指导。

1. 现场耐心指导,直面亲切话语

自从项目组成立以来,易教授多次走进学校,走进课堂,给予我们指导和帮助。

执教《端午粽》时,易教授亲自给予点评:课堂教学能紧扣语文要素,课堂中让学生在实践中增长关键能力,这个能力就是语文要素。同时,易教授还指出教学时要关注每个单元的语文要素,工具性要上升到人文性的高度。

同时易教授被学校的"问题引领"课题所吸引,她说:问题引领,让我们的课堂变得不一样了。以前听过很多语文课,教师都不太爱让学生提问题。但是现在的课堂,老师有意识地鼓励学生随时提问题,生生互动解疑。而且老师们在课堂上突出了低年级教学的重点:识字、写字和朗读。同时,语文课堂也是学科核心素养的主阵地,抓住课堂,也是最好的渗透传统文化的方式。

聆听着易教授暖暖的声音,我对自己的课堂教学也更加有信心了。

2. 线上多次交流，感受用心细致

虽然疫情来临，易教授不能亲临教学现场，但是通过线上聆听讲座，和易教授邮件交流，我更加感受到易教授的细致。

教学目标不仅是语文课堂教学的核心和灵魂，而且是语文教学的出发点和落脚点。易教授在讲座中也为我们指出了教学目标设计的问题：过于笼统、不便检测、模式化。因此，在设计教学目标时，仅凭个人经验必然带有主观性和局限性，直接套用语文课程目标的分类方式则会过于简单机械。

尤其是语文学科，语文教材不等于教学内容，但语文教材是语文教学内容选择的重要依据，是教学的基本资源。

在备课《搭船的鸟》一课时，基于易教授的讲座，在制定教学目标时，我先从单元入手，进行了教材梳理，通过梳理不难发现：本单元作为本套教材中第一次出现的习作单元，自成体系。区别于阅读教学任务，《搭船的鸟》一课虽为阅读课，但是却以此为例，让学生学习作者对事物的留心观察，同时了解表达特点，从而进一步学习习作方法。其中，留心观察的目的是积累生活素材，让学生有内容可写，不断提高习作能力。教材力图引导学生做生活的有心人，留心观察周围的人、事、景、物，体会细致观察的好处，逐步养成观察的习惯。

本单元只有两篇精读课文，但是目的却有所不同。结合习作例文，本单元力求让学生明确：在留心观察的同时，要有不同的观察方法。

围绕课文内容和课后习题，在对单元整体认识的基础上，我将第二课时的教学目标设定为：

（1）复习巩固生字、词语。

（2）正确、流利地朗读课文，能通过作者的描写想象课文描绘的画面和场景。

（3）抓文中关键词句，初步学习观察和描写事物外形、动作的方法。

（4）感受人与动物和谐共处的美好境界，培养亲近自然、热爱自然的积极情感。

易教授在肯定了我初步的教学目标的基础上，也结合课文的重点内容以及单元整体教学、课时分配等方面给予了重点、详细的指导。看着文档中易教授用不同颜色的笔标注出的重点内容以及提出的建议，我真的觉得，在这样一个大团队中，是何其有幸，何其幸福！

在易教授的指导下，我再次调整了教学目标：

（1）细致观察，能用连续性动词表现小动物的动作。

（2）运用学思结合的学习方式，培养学生主动阅读的能力。

（3）生活中留心观察、细致观察，会有新的发现。

这次教学目标的设定，更加指向单元特点，指向学生学习的目标。围绕习作单元的语文要素和人文主题，让学生留心观察，细致观察。以课文为例，课堂上引导学生学习文本、质疑解惑、主动阅读，从而为自己的习作奠定基础。同时，教学目标指向了教学环节，为课堂教学活动指明了方向。

我自认为在专家指导下，这次的教学目标设定更加贴切教学内容和教学重难点。不过，经验丰富的易教授还是一下子就指出了问题所在：教学目标过于笼统，不够具体。同时，易教授还提出了很多引人深入思考的问题：第二课时的教学目标似乎与课文没什么关系。其中第二条可能与课文阅读有关，但是没有写清楚。比如"学思结合"的提法过于宽泛。就这篇课文而言，学思结合的具体表现是什么？

于是，我再次研读教材，了解学情。在专家的指导建议下，反思自己课堂上教学活动想要达成的效果，我再次进行了教学目标的调整：

（1）通过描写翠鸟的语句，了解"我"对翠鸟的外貌、动作的观察，感受"我"观察的细致，初步体会留心观察的好处。

（2）运用学习文本、质疑思考相结合的学习方式，培养学生主动阅读的能力。

（3）细致观察，能用连续性动词表现小动物的动作。

此次教学目标的调整，以学生的学情为前提，在充分了解学生习作困难的基础上，以课文为例，学习如何细致观察，并用不同的方法把观察到的事物写清楚。

设定的三个教学目标，也层层勾连，第一个教学目标是引导学生以课文为例，学习文本；第二个教学目标，是根据学生的实际困难，引导学生带着困难主动阅读，学习方法；第三个教学目标，则是将所学在课堂上尝试运用。从学方法到用方法，我尝试通过一节课的教学，引导学生学有所获。

经过和易教授的多次沟通，反复对本课教学目标进行修改，我对教学目标的制定，有了更加清晰、明确的认识。在设计教学目标时，我们不能再一课一课孤立地进行备课，而要有学科性，要紧紧围绕单元语文要素，站在整体角度，遵循一定原则，以学生为主体，以文本为例子。只有这样，我们才能设计出精准的教学目标，为我们的教学服务。

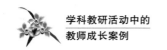

无论是现场面对面的交流点评，还是通过邮件沟通，易教授有针对性的指导，对我的课堂教学有很大的帮助。

通过易教授多次的一对一指导，我也深刻地感受到：学生才是课堂的主体，在学习的过程中，教师应该注重学生的实际获得，精心设计教学活动，用高效的教学策略切实帮助学生解决问题。因此，无论是备课还是授课，我们都需要充分关注教材，了解学情。在这一基础上，巧妙地设计课堂问题，引领学生愉快地走进课堂，让学生借助教师高效的、有趣的提问积极思考、积极探索，从而主动寻求知识的奥秘。在课堂学习中，要以课文为例子，我们需要做的是引导学生在课堂上学，而不是教师在课堂上教。好的教师就是一个引导者，而不是灌输者。我们用什么样的方法达成一课的教学目标，也就是如何让学生学会这一课的重点，需要我们用巧妙的教学活动将两者对接。我们要明确：课堂上，达成教学目标的并不是教师，而是学生。这也是通过易教授的指导，我在教学理念上的重要转变。

同时，随着统编教材的使用，"核心素养"一词常常被提及。而语文教学目标作为语文教学设计中的重要环节之一，与语文核心素养是相互促进的。通过实现教学目标来提高学生的语文核心素养，同样，基于语文核心素养才能设计出优秀的教学目标。

（三）课堂教学实践，感受成长之乐

听了讲座，进行了整体性的学习；接受专家指导，有了更精准的目标。然而，回归到课堂实践中，才是对一名教师最好的检验。

自从加入项目组以来，我多次承担现场课，邀请专家倾听，这也为我的成长奠定了非常坚实的基础。从加入项目组开始，我就在专家的引领下构思自己的小课题。结合当时学校开展的主题活动，在课堂实践过程中，自己也坚持带题授课，在不断思考中改进，在不断改进中进步。

1. 问题引领，以疑促读

执教《端午粽》一课，是在2018—2019学年度。我当时正跟随学校"问题引领"课题研究组进行相关学习、研究。课堂上，我们鼓励学生自主质疑，教会学生敢提问、会提问，会用问题小手势表达自己的想法。

"问题引领"式的课堂教学模式，是在"以学生发展为本"的新课程理念的指导下，通过充分发挥教师的主导作用，创设平等、和谐、民主的课堂氛围，把学习置于问题之中，让学生自主地感受问题、发现问题、探究问题。张丹教授指出：儿童的学习是不断发现问题和解决问题的过程。语文课程标准也指出：学生要能主动进行探究性学习，在实践中学习、运用语文。

因此，在课堂教学时，我也以"问题引领"课题为引线，通过课前质疑、课堂解疑、课后留疑，激发学生阅读兴趣。在执教《端午粽》一课时，我依据学情，课前先让学生自主提问：为什么端午节叫"端午节"？"端"是什么意思？为什么端午节要吃粽子？端午节还有哪些习俗？……在学生的小问号基础上，我抓住文本特点进行教学。学生是课堂的主人，在学习的过程中，我们应该注重学生的实际获得。因此，我通过课前测的方式，了解学生的已知和未知，掌握学生的小问号，在抓住文本特点的基础上设计教学步骤和教学策略，切实帮助学生解决问题。

开展"问题引领"教学以来，我引导学生多角度质疑，并将自己的小问题在预习的过程中及时记录在预习本上。课上，大家一起讨论，在交流中解决。自己的问题解决后，通过小笑脸的方式做出标记。还没有解决的，课下再查找，并将自己查找到的答案以小便签的形式贴在班级问题角中，便于再查看、再交流。小问题，起到了大作用，给我们的课堂、老师、学生带来了大变化。

课堂上，教师带题授课，引导低年级学生带着问题阅读，带着问题思考，培养学生的思考能力，帮助他们学会如何分析问题、如何解决问题、如何让学生的能力在不断的阅读过程中得以提高。当然，统编教材使用以来，我们在课堂教学过程中不仅要关注学生能力的培养，更加要关注对学生的德育。充分利用课堂，弘扬传统文化也是十分重要和必要的。因此，在执教《端午粽》的过程中，我也紧紧抓住传统文化的载体——教材，将中国具有悠久文化历史的传统节日介绍给学生，激发学生的学习兴趣，这本身也是弘扬民族文化的最佳时机。

2. 主动阅读，学习有法

执教《风娃娃》一课，是在2019—2020学年度。这一年，在推进"问题引领"研究专题的基础上，学校语文学科开始深入研究"主动阅读"。主动阅读是以阅读者为主体的阅读，是在内在阅读动机的驱使下，在已有经验和阅读策略帮助下的主动阅读。美国教学法专家布鲁巴克说过："最精湛的教学艺术所遵循的最高准则，是让学生自己提出问题。"是否善于发现问题、提出问题，是学生阅读能力高低的重要标志。

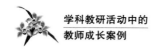

在授课的过程中，我们结合学校"问题引领"的研究，整合教材资源，进行单元整体备课，鼓励学生预习，发现问题，提出问题，引发他们主动阅读思考；在教授方法时提供支架，在小练笔、初试身手等练习中迁移运用；在课堂上，采用任务驱动促进学生主动阅读思考，引入课外篇章进行比较阅读，激发思维碰撞。

《风娃娃》是本单元最后一篇全文不注音的浅显易懂、趣味盎然的童话故事。文章按照风娃娃来到哪里、看到什么、怎么做、结果怎么样的顺序写了风娃娃"转动风车""吹动大船""吹跑风筝""吹跑衣服""折断小树"几件事。故事告诉我们"做事情光有好的愿望还不行，还要看是不是真的对别人有用"的道理。

单元的语言能力训练点是能根据提示讲讲这个故事。课后习题和单元要素紧密对应。因此在执教过程中，我紧扣教材特点，以培养学生自主阅读、自主学习的能力为主要目标，通过整体感知引发思考、小组合作交流解疑、前后对比深入了解、小组合作讲述故事等几个环节引导学生自主阅读，为他们真正达成学习目标构筑台阶。

易教授倾听课程后，也给予了细致的点评指导：小学低年级，是为将来阅读打好基础的重要阶段，这使得低年级自主阅读教学分外重要，它影响着学生的语文学习，它也是其他学科的基础。这就要求我们教师不能忽视自主阅读教学。我们仍需要在以后的阅读教学中不断探索、不断研究，寻求更好的教学方法，尤其是在备课的过程中要深入钻研教材，巧设疑问，多激发学生思考，给学生质疑的空间，从而提高学生自主阅读、自主思考的能力，为学生的终身发展打好基础。

同时，作为低年级的学生，识字也是非常重要的。易教授也指出：不能让阅读的时间占据识字的时间。小学低年级语文教学虽然是以识字为主要任务，但是，在阅读中识字比先识字后阅读更有利于学生的学习。因此，在低年级教学过程中，阅读教学和阅读能力的培养同样很重要。

3. 单元整体，提升能力

执教《搭船的鸟》一课，是在2020—2021学年度。

《搭船的鸟》所在单元是部编教材中第一次出现习作单元。这一单元自成体系，内容包括两篇精读课文、两篇习作例文、习作这五个板块。它们之间相互依托、层层衔接，必须把各部分内容作为一个整体进行教学。"精读课文"着重引导学生体会细致观察和留心观察的好处；习作例文重在提供范例、借鉴仿写；习作板块，则运用习作方法进行表达练习。各个板块之间环环相扣，紧密衔接。这一单元恰好为老师们研究单元整体教学提供了很好的机会。

课程伊始，利用课后第一题引导学生回顾课文整体内容。此环节紧扣本单元的语文要素，从留心观察的角度整体感知课文内容，也为从留心观察到细致观察做好铺垫。

紧接着回顾学生们第一课时中提出并解决的问题，引出学生们的习作困难。在阅读的过程中提出问题，学思结合，是主动阅读的重要方式。课堂伊始，教师展示第一课时留下的问题与学生新的思考，梳理学生的学习困难。以课文学习为例，提升学生的问题意识，并有意识地引导学生关注语文要素与课文间的关系，渗透单元学习的目标意识。

在教学过程中，教师还精心设计教学活动，将学生代入文本，从看图选翠鸟、给翠鸟捕鱼动作图排序，到将动词送回图片，让学生在活动中感受作者观察的仔细、用词的精准，再到最后结合"初试身手"板块，指导学生观看蜗牛爬行的视频，进行口头创作，引导学生学以致用。整个教学环节都在单元整体教学的基础上，为学生创设积极的实践活动。

课堂教学任务能这么流畅地完成，完全得益于易教授的多次指导。我们从教学目标的精准设计出发，多次结合教学目标修改课堂教学活动：摒弃传统的教学模式，通过多次的教材梳理，明确习作单元在教材中的位置；通过课前的学情调研，了解学情，明确学生的习作困难，并进行有针对性的教学活动设计；在课堂教学过程中，结合课题研究"问题引领""主动阅读"，从单元整体出发，精心设计学生的学习活动，借助现代多媒体资源，引导学生主动阅读。

随着统编教材的使用，"核心素养"更是我们教学中的重中之重。而在不断的课堂实践中，我更感到自己的成长之迅速。

三、结项后的感悟

参加项目组，对于自己的成长来说是一次十分难得的机会。它不仅让我的专业知识水平在不断提高，教学水平在不断进步，更为我打开了一扇大门，带我领略了教学之美。从专业知识的学习，到跟随学校研究脚步制定自己的课堂研究方

向；从思考自己的小课题，到践行自己的小课题，再到总结、反思，一步步走来，自己真的受益匪浅。在这样的专家引领下，在团队助力下，我也会继续幸福、快乐地成长。

附录：

（1）项目实施大事记

我校除积极参与项目组组织的线上、线下各项活动，在项目组的带领与指导下，结合我校实际情况，我们也积极开展各项校级活动。以下为梳理出的我校在参与项目过程中影响力较大的活动。

时间	主题	内容	参与教师
2019.3	精品校项目启动	1. 课例展示： 李媛《荷兰牧场》 孙长浩《花钟》 2. 专家点评，并就精品校项目的开展给出指导意见	易进教授 刘昕校长 校项目组教师
2019.4	精品校项目第二次活动	1. 课例展示： 董清雅《寓言二则》 李欣媛《操场上》 齐艳《端午粽》 孔婧《操场上》 2. 专家点评	易进教授 林春腾院长 杨玮宁老师 刘昕校长 校项目组教师
2019.6	贯通培养	1. 课例展示： 奋斗小学教师 周颖《蜀僧》 北京八中教师《蜀僧》 2. 主题汇报： 王文佳《操千曲而后晓声》 3. 教师交流、专家点评	易进教授 刘昕校长 校项目组教师 北京八中教师
2019.8	区级汇报	阎珅《深度学习的思考》	西城区精品校项目组
2019.9	选题指导培训	1. "教师研究选题指导"培训 2. 确定个人小课题	校项目组教师

时间	主题	内容	参与教师
2019.10	单元整体教学及个人小课题的确定	1. 大观念下单元整体教学课例展示： 韩文欣《难忘的泼水节》 杨君君《呼风唤雨的世纪》 2. 教师与专家交流个人小课题 3. 专家点评	易进教授 校项目组教师
2019.12	校级课题培训	校级培训： 田洋《读中有思，思而存疑，以疑促读——语文学科主动阅读的研究与实践》	全校语文教师
2020.3—2020.6	研究居家学案	居家学案： 疫情期间项目组进行线上培训，依据培训内容，项目组老师编写居家学习指导方案，有针对性地指导我校学生居家学习	校项目组教师
2020.11	主动阅读	1. 主题汇报： 赵莉莉 郝红霞《让语文学习走向主动》 2. 课例展示： 齐艳《搭船的鸟》 王慧《蟋蟀的住宅》 3. 专家讲座：统编教材特征和应用	北京市教研员闫勇老师 校项目组教师
2020.11	承担项目组区级活动	项目组齐艳老师的课例《搭船的鸟》在区级活动中展示	校项目组成员
2021.3	阅读能力的培养	1. 课例展示： 韩亚娜《鲁滨逊漂流记》课外阅读 2. 整本书阅读研究汇报： 《引领学生步入经典阅读的殿堂》 3. 北京八中教师研究分享： 《基于贯通培养，立足学科素养，培养阅读能力》	北京八中领导及骨干教师 奋斗小学刘昕校长、李京书记 校项目组教师
2021.7	区级分享	项目汇报： 田洋《以项目为契机提升校本教研能力》	西城区精品校项目组

（2）教师成果列表

①教学案例或教研论文获奖或发表

教师	获奖情况
齐艳	2019年6月，论文《让游戏"走进"语文课堂》荣获北京市首届"教师专业能力"教育教学研究成果三等奖
	2020年5月，论文《以疑解难，培养学生自主阅读——教学环节的再设计》荣获2020年北京市西城区精品校联盟优秀教学与研究案例评选二等奖
	2020年9月，论文《"我是课堂小主人"——学生自主学习能力初培养》荣获西城区第23届征文评比三等奖
	2020年9月，论文《语文课堂——自主能力培养的主阵地》荣获北京市首届教师"基本功与智慧"教育教学研究成果二等奖
	2020年11月，案例《多元评价，促语文核心素养提升》荣获西城区2020年中小学生综合素质评价教师典型案例评选二等奖
	2021年5月，教学案例《紧扣语文要素，精准把握教学目标——〈搭船的鸟〉教学案例》荣获2021年北京市西城区精品校联盟优秀教学与研究案例评选一等奖

②研究课、展示课、课例获奖

教师	获奖情况
齐艳	2020年9月，西城区中小学线上学习平台课《有趣的会意字》
	2020年12月，西城区精品校联盟项目展示课《搭船的鸟》
	2021年11月，西城区中小学线上学习平台课《海底世界》

（3）专家点评

奋斗小学齐艳老师的项目学习反思，很好地诠释了教师如何从"理论化知识"转向"实践性知识"的过程。

"实践性知识"指超越了理论和实践、正式与非正式、内部与外部等二元对立，教师与高校研究者一起合作获得的知识。在听取高校学者有关"有效的课堂教学的特征与评价""学习能力和学习动机""核心素养与学科教学""深度学习的意义""学习活动的特点对教育的启示"以及"着眼学生发展的学科教学改进"等主题的讲座后，齐艳老师结合自己以往的经验，重新设计教案，齐艳老师修改后的教案，充分关注教材，了解学情。在这一基础上，齐艳老师更加注重设计课堂问题，引领学生愉快地走进课堂，让学生借助教师高效的、有趣的提问积极思考、积极探索，从而主动寻求知识的奥秘。齐老师在课堂学习中，逐渐尝试着引导学生在课堂上学，而不是教师在课堂上教。学生们喜欢齐老师这样的引导者，而不是灌输者。

在齐艳老师的上述反思中，既有表征形式上、概念上的陈述，更重要的是带有具身性（embodied）的行动表达：齐艳老师通过课堂教学行动，将自己对课堂教学的理解"做"（enacted）了出来。该实践性知识是齐艳老师通过理论的激发和与北师大学者的互动，由自己的行动"做"出来的、更新了的、对课堂教学有了更为本质的（而不只是形式上的）理解。

齐艳老师的教学实践促使我们思考：在高校教师介入中小学教育实践的过程中，一线老师们也要像齐老师这样，不断对问题情景进行反思和重构，根据教学效果调整教学策略，更新自身的价值观和教学理念。当齐老师意识到自己之前的很多理解和做法有问题时，她不断对其进行调整。正如齐艳老师所言："现在的课堂上，我仍然得益于从专家处学习来的理念和相关方法，在课堂教育中不断尝试着，从对学生主体的探究到对教学评一体化的尝试，从对语文学科素养的培养到对精细课堂学生学习活动的设计，我的课堂越来越活跃，我的学生也越来越自主。这里面受益最多的我，则一直在这个过程中不断成长，不断进步。"

第十章

宣武回民小学路世怡
个人成长案例

宣武区回民小学是北京市一所历史悠久的民族小学，地处全国闻名的少数民族聚集地——牛街。学校现建筑面积9800多平方米，在建校80余年的历史长河中培养了多个民族的万余名学生。

随着学校规模不断扩大，近几年，该校英语教师数量不断增加，现在有13位英语教师。其中工作10年以上的有6人，工作6—10年的有3人，工作5年以内的有4人。各个成长阶段的教师分布比较均匀，青年教师逐渐成为英语组的生力军。教师的专业发展成为我校英语教师团队的核心任务之一。

一、入项前的自我分析

2018年我顺利地拿到了瑞典马尔默大学领导力与管理专业研究生的毕业证书。毕业回国后，我非常荣幸地加入了北京市宣武区回民小学，站上了曾经梦想的三尺讲台，真正实现了自己的教师梦。在本科四年里，我选择了英语专业。同时，怀着对教师职业的向往与敬意，我考取了英语初级教师资格证书，迈出了成为教师的第一步。

作为一名青年教师，来到回民小学后，我迎接了自己的第一份挑战，承担了一年级一个教学班的班主任工作，并同时承担了一年级4个班的英语教学工作。刚刚研究生毕业的我，带着对理论和专业水平的自信，觉得教小学生应该不是一件难事。但是，经过一段时间的课堂实践，我发现，学生容易注意力分散、答非所问、兴趣不大、课堂参与度不高、教学目标难以达成等问题接踵而至。同时，经过一段时间的教学与班级管理后，我发现相同学段学生的成长环境和先天因素等有着很大的差异，因此不同的学生有着不同的学习基础，也有着不同的学习困难。这些问题让我在无形中感到了很大的压力。在这段迷茫的时间里，我非常荣幸地成为了西城区北师大精品校联盟项目组的一名成员。

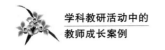

学科教研活动中的
教师成长案例

二、项目中的经历与成长

在项目组的两年时间里，我参加了不同类型的培训学习。第一类是讲座类，主要以线上讲座为主；第二类是项目组提供的优秀课例展示，包括语文、数学、英语这三大学科；第三类是案例、论文撰写。讲座方面，通过聆听，学习理论知识，我像走入了一个新的知识世界，接触了教育领域前沿最流行的理论知识。这帮助我拓宽了思路，更新了知识储备，让我能用比较符合学生们性格、兴趣的内容来进行教育教学活动。通过在项目组的学习、研讨，我对自己有了更加清晰的认识，在理论知识层面和课堂实践方面都有了很大的进步，主要表现在以下几个方面。

（一）关于教学目标认识的变化与实践

1. 关于教学目标认识的变化

以前，我对教学目标的认识主要来自《英语教学课程标准》，对它的印象是笼统的、抽象的。在我的概念里，它们就是权威。上课前，我会参考单元目标、本节课的目标，一定程度上都是不假思索地照搬，没有深入地理解教学目标的概念、教学目标的作用、教学目标的重要性，没有深入地思考并结合自己的实际教学内容和学生实际情况去研究、改动授课的教学目标。同时，由于对教学目标理解模糊，我不能很好地了解自己教学目标的设计哪里出了问题，不能很好地针对课程中存在的问题进行相对应的教学目标的修改，进而提升自己的教学水平。通过在项目组的学习与自己在课堂中的实践，我对教学目标有了更深入、更细致的理解与感受。

在易进教授"教学目标设计的问题与改进要点"的讲座中，我清晰地知道了教学目标是明确了教学内容和学习的结果，是对学习结果的预期，它帮助教师明确了教的内容以及教的程度；教学目标为教学活动和教学环节设置指明了方向。通过教学目标，可以感受到教师在授课中希望学生关注哪些内容，收获哪些知识，学会哪些本领；教学目标为评价教学效果提供参考，评价每一节课都是针对目标达成而言的。如果把一节课比作盖高楼大厦，那么教学目标就是图纸。

在易教授的讲座中，我清楚地知道了教学目标的数量不在多而在精。教学目标过于广而杂，未与具体学习内容相关联，就很难突出一节课的重点、难点，不能很好地做到高效教学；教学目标主体、行为动词表述不当，便不利于教师对学生进行检测；同时，教学目标模式化，会让教师忽略学生的实际情况，导致教学活动针对性不足。因此，教学目标一定要以学生实际情况为基准，注重学生间的差异化。

在易教授的讲座中，我也更清楚地了解了教学目标要从认知、能力和情感三个维度来设定，即在一节课中要知道、记忆、理解什么知识内容，在什么时候运用什么知识、技能；一节课后，对什么现象有什么态度，接受了或拒绝了什么。通过这些透彻的讲解，我反思了自己的教学目标设计，并在实践后进行了改动。

2. 关于教学目标认识的实践

我在本学期教授外研社小学英语一年级起点五年级上册《M1U1 There wasn't a clock here before.》时，对教学目标设计如下：

【知识目标】

要求学生掌握词汇：different、playground、feed。

运用句型"There wasn't/weren't..."谈论学校、家庭、城市的变化。

【技能目标】

能读懂、理解课文大意并回答出相关问题，并尝试复述课文。

能模仿目标语句谈论自己的旅行，并且能够写一写。

【情感目标】

激发学生学习英语的积极性，培养学生的自主性，培养学生善于发现身边的变化的能力。

【学习策略目标】

能积极与他人合作，共同完成学习任务。

能积极运用所学的知识进行表述和交流。

通过学习，我对自己的教学目标设计进行了如下的分析：

第一，基于课标分析。五年级需要达到的阅读要求："乐于认读所学的词语，阅读小故事和短文，养成按意群阅读的习惯，逐步形成语感。基本的技能包括：根据图片等提示认读、基本理解大意、理解语篇主要内容、借助图片理解主要信息、朗读。"在本节课的教学目标设计中，按照课程标准，我设计了掌握相关词汇的目标要求。但让学生在一节课内能够复述课文的目标要求设计过高，超过了课标要求，忽略了学生的现有知识水平以及接受能力。

经过思考，我将原教学目标改成"复述课文故事的主要内容"，这样会更加符合课标要求，贴近学生的实际。此外，根据课标要求，原教学目标中没有朗读的目标设置，我在技能目标中加入了"能流利地朗读课文"的目标设置。

第二，基于教材分析。本单元是五年级上册第一模块第一单元，话题是讨论学校、家庭、城市的变化。本节课中，突出了重点句型。

第三，基于学生知识储备分析。学生在本课之前已经有了短篇课文阅读的学习经验，并且在三年级上册和四年级下册已经接触、学习了过去时，具备了相关的基础知识，降低了理解新知识的难度。为了更好地发挥教学目标的作用，我选择通过前测去了解学生的水平，发现有的学生对 was、were 并不熟悉，对以前的知识出现了遗忘的情况。针对不同知识储备的学生，我将原教学目标"运用句型'There wasn't/weren't...'谈论学校、家庭、城市的变化"进行分层差异化设置，改为：（a）对于基础薄弱的学生，认读、理解句型"There wasn't/weren't..."以及课文里相关例句。（b）对于基础中等的学生，除认读、理解句型"There wasn't/weren't..."以及课文里相关例句外，能运用句型"There wasn't/weren't..."谈论学校、家庭、城市的变化。（c）对于基础良好的学生，除符合上述要求外，加入句型"There was…/There were..."的肯定句练习以及"Was there...？Were there...？"的一般疑问句练习。这样的教学目标可以让不同层次的学生有更多的机会参与到课堂教学活动中，并对自己进行准确的定位，让每个人都学有所获，进而在英语学习中获得成就感。新的教学目标面向全体学生，让不同的学生在英语课堂学习中得到不同的提高和发展，让每个学生都体会到英语学习成功的快乐。

第四，基于课堂教学目标的实施与达成分析。在课堂教学过程当中，以一首《Chant》进行热身，让学生感受、关注一般过去时。展示图片、设计跟课文有关的问题，让学生有目的地阅读并回答问题，使他们能正确理解课文大意。此外，在阅读中我以图片辅助处理词汇，让学生在语境中感受、学习新的词汇。其中，feed 一词学生已经在三年级下册进行了学习，这里再把它作为新词汇进行学习是不合适的，浪费课上时间，所以删掉原教学目标中 feed 一词。小组讨论了学校、家庭、城市的变化，并且到教室前边进行了展示，但在练习和产出环节中，我起初忽略了基础薄弱同学的实际情况，用统一目标要求所有学生。后来我改为设置不同形式让同学们进行展示。对于基础薄弱的同学，我给出图片和句子模板，让同学进行选择。例如：图中给出一个过去没有学校的场景（标注出 before），给出选项"A. There isn't a school. B. There wasn't a school. C. There weren't a school."让同学进行选择并说出原因，最后进行句型朗读。对于基础中等的同学，除做上述练习外，给出图片、提示词，让同学运用本节课重点句型"There wasn't/weren't..."进行造句练习。对于基础良好的同学，做上述练习外，拓展加入"There was.../There were.../Was there...? / Were there...?"进行造句练习。改后的练习更贴近教学目标，更容易完成本节课的教学目标，并使其效果最大化，同时，也增强了学生间的合作意识，提高了学生参与课堂活动的积极性。

第五，基于课堂教学目标的表述分析。本节课教学目标总体上比较完整、清晰、可测量、易实现、简洁明了。但其中词汇目标不够清晰、准确，应指出学生掌握这些词汇的程度。情感态度与价值观目标的主体应该是学生，而不是教师，并且情感目标部分内容描述比较笼统。所以我将原教学目标改为"要求绝大多数学生能听懂、会说、会读和会拼写词汇'different，playground，（feed）'"，让教学目标更加细化、更加清晰，能准确地表明学生应该掌握什么词汇以及掌握的程度。

（二）关于教学设计、教学活动与课堂组织认识的变化与实践

1. 关于教学设计、教学活动与课堂组织认识的变化

阚维教授的"教学活动设计"讲座强调，让学生参与教学是课程实施的核心，核心要素的主体是学生。在阚教授的讲座中，我也知道了进行课堂教学设计活动时，应该更加强调学生知识的起点、学习习惯，要从现实生活出发，关注学生的兴趣爱好等；课堂组织与教学设计活动要有灵活性，根据学生当堂课的具体表现而定。周序教授的"课堂组织教学设计"讲座强调，有效的设计必须以了解自己的学生为前提。对学生的了解也不仅限于学业方面的了解，他们的生活背景、生活习惯等都需要关注。同时，周教授也强调，教学设计无论如何创新，都要把握"教师主导"的教学原则。教师要按照自己准备好的思路把学生作为主体，主导学生的学习，通过互动让学生集中精力，认真听课，这样才能让设计好的东西真正发挥作用。如果跟着学生的思维走，放弃了教师主导，一节课也就失去了意义。

这些转变了我以前的观念，让我知道现在在课堂上，学生不再是被动参与的，而是教师要把学生作为主体，把学生当成主角，在教师主导和引导下让学生自主地发现问题，探究问题，获得结论。如果教学活动离开学生积极、有效的参与，那么一节课就不能说是高效的、成功的，是不可能有真正的学习结果的。学习的过程，是教师、学生、教材、环境等多种因素相互作用的过程。学生带着自己的知识经验、思考灵感学习；教师要学会带着足够的耐心，留给学生足够的时间和空间；设计的活动要充分与教学内容相关联，围绕教学目标，符合学生现有水平与情况，引导学

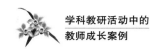
生积极参与。同时，通过阚教授的讲座，我了解到了教学设计存在的问题，并对照着自己的课堂教学设计反思了自己存在的问题，如是结构单一、活动简单还是忽视了学生实际情况、实践能力的培养和趣味性活动等。有的学生积极性高，但课后对知识的掌握程度不高，这反映了在设计教学活动时，存在过多重视教学的趣味性和学生的主体性，而忽视了教学活动的有效性的问题。这些对我有很大的帮助，让我更加了解了什么是好的教学活动，什么是有效的教学活动。

2. 关于教学设计、教学活动与课堂组织认识的实践

我在教授外研社小学英语一年级起点三年级下册《M2U1 "It's very long."》时，课文通过 Amy 和 Lingling 的对话展开，用形容词描述了英国的 Big Ben, River Thames 和 London Eye 等景物，让学生了解了伦敦的著名景点以及文化符号，开阔了眼界，让学生乐于接触外国文化，提高了学生的人文素养。此外，通过扩充知识面，培养学生获取、分析信息的能力以及主动构建知识、主动生成语言的能力。本课目标词汇为：long/wide/old/tall/round。目标句型为：It's long/wide/old/tall/round.

改进前，在展示环节，我设立了找朋友的拓展活动。把单词卡片 long, old, big, tall, wide, round 和几张景色图片贴在黑板上，让其他学生找到描述景色的合适的形容词，并说出句子。在课堂教学中，我发现学生由于对图片兴趣一般，参与度不是很高。此外，对于学习基础好的学生而言，教学内容设置得有些简单，而对于学习基础薄弱的学生而言，他们未能准确明白本次教学的活动要求，且在自主说出完整句子时存在一定的问题。

通过学习我认识到，要根据学生实际水平创设符合教学内容、贴近学生生活的真实的教学情境，有条件的情况下提供真实场景的图片。在教学中要尽可能地为学生提供典型的活动或者学习任务。针对学生不同的知识储备，为了能让全体学生积极主动地参与到课堂活动中，要设立不同层次的活动，并让学生清晰地明白在什么条件下如何做。要不断引导学生，给学生提供知识、语言框架，为学生学习提供范本。

改进后，首先，我设计了小导游的拓展活动。用学过的形容词描述天安门广场、长城、国家大剧院等景点，进行练习。其次，我选取了班里同学在实际生活中出游的照片，在学生练习前给出句型框架，并进行示范引导。例如：Hello, I am Lucy. This is a river. It's big and long. 这些也与本节课教学目标、教学重难点相呼应。在进行调整后，我发现当学生看到自己熟悉的或者生活中的照片后，参与度明显提升，大家纷纷举手参与课堂互动。同时，通过教师给出句型框架和示范引导，学生更加明确了任务内容与要求，很多平时基础薄弱的同学也能说出完整的句子。这让学生在实践语言的同时，也感受到了大自然的美丽富饶，同时提高了同学们的人文素养水平。

（三）关于教学案例、科研论文认识的变化与实践

一开始我认为教学案例是故事类的形式，或者是一堂课的流程。在聆听了易进教授"教学目标研究案例撰写"的讲座后，我知道了教学案例是关于教学目标与教学设计的反思和成长的过程。这让我明确了在这个过程中，要分为几部分记录，哪些是需要重点关注的内容。通过把课堂的重点内容记录下来，我清晰地知道了自己这节课的问题是什么，这个过程也是我自己的一个教学经验的积累过程，可以避免将来上课时遇到相似的问题再犯同样的错误。在聆听讲座后，我也积极撰写了《俯下身子，和学生共同成长》《精准教学目标，提升学生素养水平》两篇案例，在案例中我选取并对比了专家指点前后的真实课堂教学的片段，重点关注并分析了前后两次课的教学设计的变化。

一开始我对科研论文的概念是模糊不清的，不知道要如何组织形式、编写内容。后来，在聆听了周序教授"一线教师如何撰写科研论文"的讲座后，我知道了它的格式、内容，每一部分的重点在哪儿，做到了有的放矢地去撰写。在我的科研论文《新课程标准下，小学英语"三维"教学目标的设定》摘要部分中，我注意到了周教授所说的"要用第三人称客观叙述，它是包括论文思想精华的完整、独立的短文""要包含背景，可以用一句话来总结文章里的小标题"等写作技巧。正文中，我也采用了周教授讲解的论点、论证、论据的一般性论文的写作要求格式。

（四）关于教师角色思考的变化

"师者，所以传道受业解惑也。"以前，我认为教师的主要工作就是传授给学生科学文化知识的单一过程，是一个以老师为主体的过程。现在，我逐渐发现教师的工作是庞杂的，不只是限于一天内的课堂与课下，而是充斥在教师的整个生活之中；教师充当着多种角色，承担着多项工作。这些需要教师对事业忠诚，有奉献精神，对学生有爱心、耐心、责任心，就如教育家陶行知所说"捧得一颗心来，不带半根草去"。在日常生活、教学里，教师要充当起家长的角色，无微不至地关心学生，

帮助学生，公平对待每一位学生；对学困生不嫌弃、不歧视，给他们多一些爱，最大限度地激发他们的积极性。同时，教师要学会换位思考，站在他们的角度思考问题，走进孩子的内心世界。现在，我逐渐认识到在教育活动过程中，教师要拥有过硬的专业知识和专业素养，把丰富的科学文化知识用学生喜爱的方式传授给学生，为学生答疑解惑。同时，也要用自己美好的品行、高尚的情怀来影响、感化、引导学生，帮助学生身心健康地全面发展。

三、结项后的感悟

成长的路上有很多的话，很多的故事。承蒙学校的信任，在项目负责人楼主任和白老师的支持下，我承担了校项目组牵头人的工作。在这两年的时间里，我积极地做好上传下达的工作，积极组织老师们听讲座、看课例，组织教研活动，大家一起探讨、交流学习中的收获和困惑，分享自己的感受。项目组牵头人的身份，让我更加严格要求自己，做到有课提前看，有讲座提前学习，走在大家的前边。同时，这也更加锻炼了我统筹安排的能力，让我在工作中更加细致、周到。两年的时间我和项目组一起走过，不论是在知识层面上、实践上，还是个人能力上都有了很大的提高与进步。

忘不了那些密密麻麻的书写笔记，忘不了"哒哒哒"敲击键盘的声响，更忘不了老师们的谆谆教导。成长是一种幸福，成长更是一个过程，在学校领导、老师们的关怀下，在项目组老师们的指导下，我正在一点一点地进步。在未来的日子里，我会不忘教育教学的初心，虚心学习，取长补短，争取新的突破与进步。感谢项目组、学校提供的机会和平台，让我不断突破自我，挑战自我，不断进步！

附录：

（1）项目实施大事记

2019 年 3 月，课例研讨：谭晓丽、王爽《What do flowers do?》

2019 年 5 月，英语学科专题讲座：陈思雨老师"教学中的文化意识和思维品质培养"

2019 年 5 月，英语学科专题讲座：李红恩老师"关于英语课程与教学的几点思考"

2019 年 11 月，课例研讨：孙蕊《How many...》，李新《Did you take Amy's doll?》；小课题交流研讨

2021 年 11 月，集体备课与展示课视频录制：李新《Pandas love bamboo.》

（2）教师成果列表

①教学案例或教研论文获奖或发表情况

教师	获奖情况
路世怡	2020 年 5 月，案例《俯下身子，和学生共同成长》荣获北京市西城区精品校联盟优秀案例评选一等奖
	2021 年 5 月，案例《精准教学目标，提升学生素养水平》获得北京市西城区精品校联盟优秀教学与研究案例评选二等奖
	2021 年 11 月，论文《新课程标准下，小学英语"三维"教学目标的设定》获得北京市西城区精品校联盟优秀教学与研究论文评选一等奖

（3）专家点评

教师反思素养指教师在特定情境下，通过辩证性和批判性地思考教学事件而形成的一种稳定的思维习惯和行为模式，它是教师的必备素质，也是教师专业素养的核心。一般来说，教师反思素养包括个人反思意识和个人反思能力两方面。

首先，反思素养的形成有助于提高教师教育教学水平，推动教师专业发展。路世怡老师作为一名新手教师，面对的挑战是明显的：不仅承担着一年级四个教学班的英语教学工作，还承担着班主任工作。这就要求路世怡老师留心自己教学中的各类事件，动用一切资源加以思考和批判，最终归纳、提炼出实践经验。

起初，路老师对教学目标、教学内容、教学过程、教学评价等方面的了解并不充分。在听了"教学活动设计"讲座后，路老师反思了教学当中应当如何让学生参与教学活动，了解到核心要素的主体是学生。因此，路老师在其后的课堂教学设计中，更加强调学生知识的起点、学习习惯，从现实生活出发，关注学生，进行深入反思，反思在教学开始前设计的合理性、教学过程中的预设与生成，以及教学过后的反馈，长期积累这些方面的反思来提升自己的教育教学水平。

其次，反思素养能有效提升教师的教学水平。路老师坦言，刚刚开始执教的时候，她的教案本上，有关单元目标、本节课的目标，一定程度上都是不假思索地照搬《英语教学课程标准》，没有深入地理解教学目标的概念、教学目标的作用、教学目标的重要性，没有深入地思考并结合自己的实际教学内容和学生实际情况去研究、改动授课的教学目标。同时，由于对教学目标理解的模糊，她不能很好地了解自己教学目标的设计哪里出了问题，不能很好地针对课程中存在的问题进行相对应

的教学目标的修改，进而提升自己的教学水平。

项目组针对路老师的情况，进行了针对性指导。项目组强调：新手教师踏上讲台，首先需要清楚自己的培养目标，再制订教学计划，接着设计教学内容和教学活动，然后实施，最后再进行评价反思，如此循环往复，进行每节课程的安排。

路老师在持续跟进项目组的过程中，逐步体会到了教学过程中目标设计的合理性、内容选取的适应性、活动方案的针对性、实施过程的有效性等，这也决定了其在课后反思的深度和广度。对这些教学设计进行深入思考后，路老师逐步克服了自身教学经验不足的困难，也真正明白了教学任务完成后，要去反思教学过程。路老师为了更好地开展反思工作，利用一些录音工具或者设备录制视频课，这样也做了到反思的及时性、有效性，能够总结不足，积累经验，提升教学水平。

总之，促进教师教学机制的生成，需要加强教学反思来丰富教师的教学实践经验；反思素养能提升教师的科研水平。

教师是教育教学工作的承担者，也是某一学科的专家、研究者。从路老师这样的优秀青年教师身上我们看到，教师的任务不仅仅是教学，教师除了教学工作之外，更多是在钻研教材、教法、学法等，不断更新自己的教学理念以适应当前学生的发展。

教师的专业能力源于自身的反思素养，无反思不成长，无反思不更新，只有走在反思的前面，才能提升自身的科研水平。

参考书目

[1]唐松林,王晨. 从机械论到生命论:教师专业化的哲学转向[J].中国地质大学学报(社会科学版),2014.14(05):140-144.

[2]刘炎欣,陈振华. 充盈、澄明与生成:教师专业发展的三重境界——基于教育现象学的方法论探析[J].教育理论与实践,2020.40(19):37-42.

[3]叶澜."新基础教育"论——关于当代中国学校变革的探究与认识[M].北京:教育科学出版社,2006.

[4]叶坤.论教师专业精神的养成[J].当代教育科学,2016.(01):18-21.

[5]高天明,刘良斌,高志清. 论教师生涯及专业发展[J].中国地质大学学报(社会科学版),2004.04(04):70-72.

[6]王春光. 反思型教师教育研究[D].吉林:东北师范大学,2007.12.

[7]吴天武. 自我反思:教师专业化成长的必然选择[J].教育与职业,2004(12):28-31.

[8]祝刚,王语婷,韩敬柳,等.如何认识教师专业学习的多重本质与多元层次——与世界知名教育学者弗雷德·科萨根教授的对话[J].现代远程教育研究,2021,33(03):32-43.

[9]薛晓阳. 卓越教师的意图改写及反思——教师教育体系、教师资格制度的价值、功能与关联[J].教育研究与实验,2018.(03):1-8.

[10]唐松林,魏珊. 聚焦生命:教师专业发展传统模型的反思与超越[J].教师教育研究,2013.25.(05):49-55.

[11]李政涛.重建教师的精神宇宙[M].上海:华东师范大学出版社,2014.

[12]约翰·杜威著. 姜文闵译. 我们怎样思维·经验与教育[M].北京:人民教育出版社,2005.

[13]唐纳德.A.舍恩著. 夏林清译.反映的实践者:专业工作者如何在行动中思

考［M］.北京:北京师范大学出版社,2018.

［14］S. Hoyrup, Reflection as a core process in organizational learning［J］. Journal of Workplace Learning, 2004,16(16):442-454.

［15］刘加霞,申继亮. 国外教学反思内涵研究述评［J］.比较教育研究,2003,161(10):30-34.

［16］Korthagen F. A. J. , Kessels J. P. A. Linking theory and practice:Changing the pedagogy of teacher education［J］. American Educational Research Association, 1999. 28(4):4-17.

［17］C. Rodgers. Defining reflection:Another look at John Dewey and reflective thinking［J］. Teachers College Record, 2002. 104(4):842-866.

［18］Eby. J. W. , Herrell. A. L. Teaching in K-12 schools:a reflective action approach［M］. Upper Saddle River, NJ:Pearson, 2011.

［19］D. Kolb Experiential learning:Experience as the source of learning and development［M］. New Jersey:Prentice Hall, 1984.

［20］申继亮. 教学反思与行动研究——教师发展之路［M］.北京:北京师范大学出版社,2006.

［21］M. W. Tracey,A. Hutchinson, T. Q. Grzebyk,Instructional designers as reflective practitioners:Developing profesional identity through reflection ［J］. Educational Technology Research and Development, 2014. 62(3):315-334.

［22］朱梦华. 西方视域中的教师反思:内涵、价值与实践路径［J］.教师发展研究,2018. 2(3):111-117.

［23］E. Pultorak. Following the developmental process of reflection in novice teachers:Three years of investigation. Journal of Teacher Education, 1996. 47(4):283-291.

［24］K. M. Zeichner, D. P. Liston. Critical pedagogy and teacher education［J］. Journal of Education, 1987. 169(3):117-137.

［25］K. Zeichner, J. Gore. Using action research as a vehicle for student teacher reflection:a social reconstructionist approach ［A］. In Noffke, S. Stevenson, R. Educational action research:becoming practically critical ［C］. New York:Teachers College Press, 1995.

［26］N. Hatton，D. Smith. Reflection in teacher education：towards definition and implementation［J］. Teaching and teacher Education，1995，11（1）：33－49.

［27］李小红，邓友超. 教师反思何以可能——以学校组织文化为视角［J］. 高等师范教育研究,2003.15（3）:43－48.

［28］D. G. Krutka，D. J. Bergman Raymond Flores，et al. Microblogging about teaching：Nurturing participatory cultures through collaborative online reflection with pre-service teachers［J］. Teaching and Teacher Education，2014.40:83－93.

［29］王海燕. 技术支持的教师教学反思研究［D］.上海:华东师范大学,2010.

［30］王佳莹,郭俊杰. 视频标注工具:支持教师的教学反思［J］.中国电化教育,2013.318（7）:111－117.

［31］林英典.教学反思日记:教师专业成长的内动力［J］.教育理论与实践,2012.32（29）:34－36.

［32］冷静,易玉何,路晓旭. 职前教师协作写作中反思能力发展轨迹研究——基于认知网络分析法［J］.中国电化教育,2020.398（3）:93－99.

［33］张思. 网络研修中教师教学反思分析方法及应用研究［D］.湖北:华中师范大学,2017.

［34］周钧,张正慈. 从对经验的理性反思到基于核心品质的反思——评科萨根反思观的转变［J］.比较教育研究,2017.334（11）:63－69.

［35］M. Moayeri，R. Rahimiy，The significance of promoting teacher reflection：A review article［J］. Latin American Journal of Content & Language Integrated Learning，2019.12（1）:128－143.

［36］R. Dilts. Changing belief systems with NLP［M］. Cupertino：Meta Publications，1990.

［37］F. A. J. Korthagen. In search of the essence of a good teacher：Towards a more holistic approach in teacher education［J］. Teaching and Teacher Education,2004.20（1）:77－97.

［38］F. Korthagen，A. Vasalos. Levels in reflection：core reflection as a means to enhance professional growth［J］. Teachers and teaching，theory and practice，2005.11（1）：47－71.

[39] L. Valli. Reflective teacher education programmes: An analysis of case studies [A]. In Calderhead, J. , Gates, P. (eds), Conceptualizing Reflection in Teacher Development[C]. London: Falmer, 1993. 11-21.

[40]周成海. 弗雷德·柯瑟根教师反思理论述评[J]. 外国教育研究,2014. 41 (10):3-14.

[41] F. A. J. Korthagen. Promoting core reflection in teacher education: Deepening professional growth[J]. Internal Teacher Education: Promising Pedagogies (Part A), 2014. 22: 73-89.

[42] D. Ofman. Core qualities: A gateway to human resources[M]. Schiedam: Scriptum, 2000.

[43] F. Luthans, C. M. Youssef, B. J. Avolio. Psychological capital: Developing the human competitive edge[M]. Oxford: Oxford University Press, 2007.

[44] Korthagen, F. Inconvenient truths about teacher learning: towards professional development 3.0[J]. Teachers and teaching,2017. 23(4):387-405.

[45]周钧,张正慈. 从对经验的理性反思到基于核心品质的反思——评科萨根反思观的转变[J]. 比较教育研究,2017. 334(11):63-69.

[46] R. Lengelle, T. Luken, F. Meijers. Is self-reflection dangerous? Preventing rumination in career learning[J]. Australian Journal of Career Development, 2016. 25 (03):99-109.

[47] W. Julie C. I. Tony, W. Sheena, et al. Instruments to measure the ability to self-reflect: A systematic review of evidence from workplace and educational settings including health care[J]. Eur J Dent Educ. 2019. 00:1-16.

[48]刘加霞. 教师教学反思:内涵、发展特点及其影响因素研究[D]. 北京:北京师范大学,2003.

[49]张志祯. 小学教师反思的发展特点及其自动评价研究[D]. 北京:北京师范大学,2008.

[50]李金巧,杨向谊. 思考·追问·探究——培养反思型教师的探索[M]. 上海:复旦大学出版社,2006.

[51]李贵仁,吴琼. 对当前教师反思的几点思考[J]. 黑龙江教育学院学报,2016.

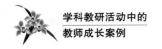
35(06):25-27.

　　[52] L. Fendler. Teacher reflection in a hall of mirrors: Historical influences and political reverberations[J]. Educational Researchers, 2003.32(32):16-23.

　　[53]马克斯·范梅南. 教学机智——教育智慧的意蕴[M].北京:教育科学出版社,2001.